Paul Kannengiesser

Dogmatismus und Skeptizismus

Paul Kannengiesser

Dogmatismus und Skeptizismus

ISBN/EAN: 9783743379794

Hergestellt in Europa, USA, Kanada, Australien, Japan

Cover: Foto ©Thomas Meinert / pixelio.de

Manufactured and distributed by brebook publishing software
(www.brebook.com)

Paul Kannengiesser

Dogmatismus und Skeptizismus

Dogmatismus und Skepticismus.

Eine Abhandlung

über das

methodologische Problem in der vorkantischen Philosophie

zur

Erlangung der philosophischen Doctorwürde
Universität Strassburg i. E.

von

Paul Kannengiesser

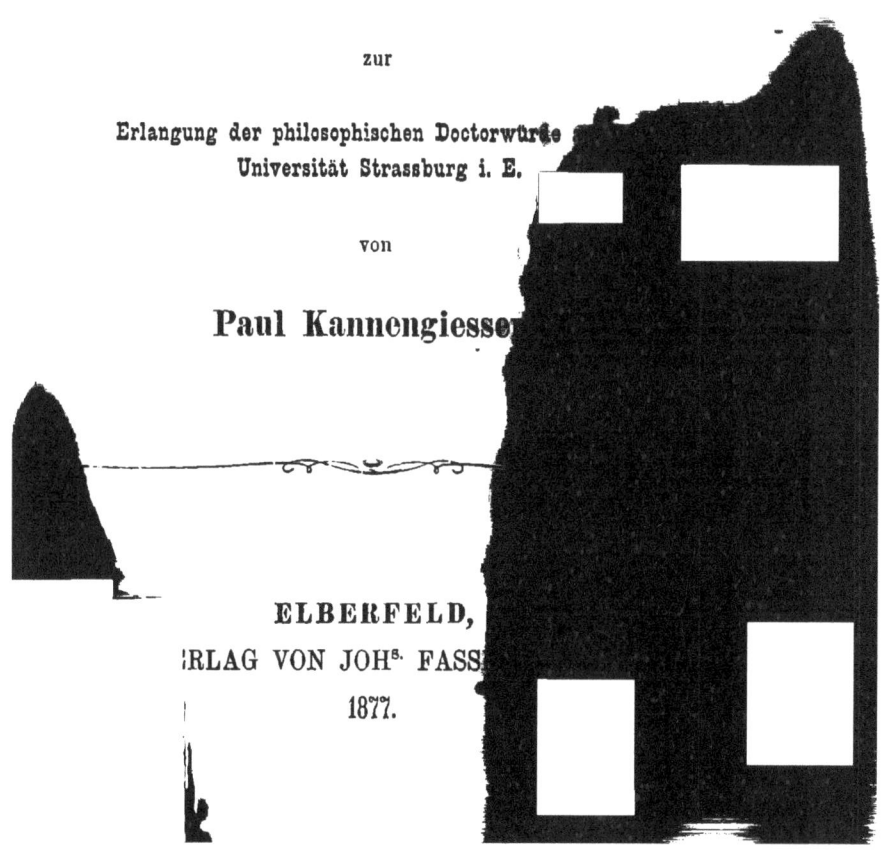

ELBERFELD,
RLAG VON JOHⁱˢ FASS
1877.

Dogmatismus und Skepticismus.

.

Vorbemerkung.

Die Dissertation, auf Grund deren ich von der philosophischen Fakultät der Universität Strassburg im Juni 1875 promovirt wurde, führte den Titel: Kern und Schale des Kantischen Kriticismus. Da die 286 Bogenseiten umfassende Abhandlung den herkömmlichen Umfang einer Doktordissertation bei Weitem überstieg, erklärte sich die Fakultät mit meinem Wunsche einverstanden, für den Druck vorläufig nur einen kleineren, möglichst in sich abgeschlossenen Theil des Ganzen herauszulösen. Ich wählte dazu die Erörterung und Würdigung des methodologischen Problemes, als des eigentlichen Kernes der Kantischen Kritik. Die Schwierigkeiten dieser Arbeit erwiesen sich aber grösser, als ich anfangs vermuthet hatte. Nicht nur, dass die koncentrirte Behandlung des Gegenstandes mich nunmehr nöthigte, in Probleme einzudringen, die ich vorher nur oberflächlich zu berühren hatte; sondern die gegenwärtig so schnell anschwillende Kantliteratur führte auch zugleich so viel neues und wichtiges Material heran, dass ich mich immer wieder gehemmt fand. — Unter diesen Verhältnissen wuchs die Behandlung des engeren Themas so in die Breite, dass ich mich wieder in dieselbe Lage verwickelt fand, die ich gerade hatte umgehen wollen. Ich veröffentliche daher vorläufig nur den ersten einführenden Theil, in welchem das Problem der philosophischen Methode, wie es Kant bei den Leibnitz-Wolfianern einerseits und bei David Hume andererseits vertreten fand, zur Darstellung kommt. Ueber den näheren Zweck dieser Abhandlung und seine Beziehungen zur Hauptarbeit berichtet die Einleitung.

Elberfeld, im Juni 1877.

P. Kannengiesser.

Einleitung.

Obwohl diese Abhandlung ein einheitliches Ganze bildet, ist sie doch zugleich dazu bestimmt, als Grundlegung für eine grössere Arbeit zu dienen, welche unter dem Titel: »Das methodologische Problem des Kantischen Kriticismus« etwa in Jahresfrist erscheinen soll. Sie entlehnt daher auch ihren leitenden Gesichtspunkt von dem Zwecke dieser letzteren, und so erscheint es als nothwendig, denselben hier sogleich in Kürze darzulegen.

Gewiss ist es mehr als ein blosses Paradoxon, wenn man für die Philosophie einen Fortschritt darin erblickt, dass die rückwärts auf Kant gerichtete Strömung gegenwärtig unsere philosophische Literatur fast allgemein beherrscht und bereits eine Anzahl recht gediegener Leistungen zu Tage gefördert hat.[1] Denn in diesem historischen Zuge spricht sich in der That die Anerkennung des einzig wahren Mittels aus, durch welches die Philosophie wieder zu ihrer alten Macht und zugleich zu dem Range einer Wissenschaft erhoben werden kann, jenes Mittels, welches bereits Adolf Trendelenburg ergriff, indem er, von den »orginalen und orginellen Seitenwegen« abbiegend, die Philosophie wieder auf die Bahn stetiger, das Vorhandene organisch weiter bildender Entwickelung zurückzuführen suchte.[2] Es ist in der That ein Fortschritt, dass in das wissenschaftliche Bewusstsein die Einsicht Eingang gefunden, dass die Philosophie nicht in jedem Kopfe neu ansetzen und wieder absetzen dürfe, sondern vor Allem einmal die Aufgabe zu lösen habe, aus den Leistungen der Vergangenheit den haltbaren »Bestand« herauszuheben, um für den Aufbau einer philosophischen Wissenschaft allererst eine solide, dem Zwiste der Partheien entrückte Basis zu gewinnen. Und es darf gewiss als ein weiterer Fortschritt angesehen werden, dass man allmählig auch darüber einig geworden ist, diese historische Neubegründung an die Betrachtung desjenigen Systems anzuknüpfen, welches anerkanntermassen[3]) der Ausgangspunkt für alle bedeutenderen philosophischen Richtungen der Neuzeit gewesen ist und selber mit der Verheissung auftrat, eine für alle Zeiten haltbare. einen ewigen Frieden unter den Denkern vermittelnde Grundlage philosophischer Wissenschaft darzubieten.

Kann daher auch nur der blinde Partheieifer jener Orginalstandpunkte zu einem Urtheile verleiten, welches in der gegenwärtig herrschenden Kantströmung nichts Anderes, als einen »krankhaften Zug der Zeit« erkennt,[4]) so darf man nun doch auch andrerseits nicht ausser Acht lassen, dass diese Strömung nur dann einen wirklich bedeutenden Gewinn herbeizuführen vermag, wenn sie auf ein bestimmtes, dem Bewusstsein aller Arbeiter klar und deutlich vorschwebendes Endziel hinstrebt, und dass ein solches Endziel gegenwärtig noch nicht aufgestellt ist. Es fehlt unserer Kantliteratur an einem obersten Gesichtspunkte, dem alle einzelnen, auf Darstellung oder Kritik der Kantischen Philosophie ausgehenden Arbeiten gemeinschaftlich sich unterordnen, um so für die Erreichung eines und desselben wissenschaftlichen Zweckes zusammenzuwirken.

Es bedarf kaum eines besonderen Hinweises darauf, wie wenig man sich noch darüber klar ist, was man eigentlich bei Kant zu suchen und in welcher Weise man ihn zu behandeln habe. Gewiss nicht wenige Abhandlungen werden lediglich aus dem Grunde über Kant geschrieben, weil es neuerdings der Modeton nun einmal so mit sich bringt; es wäre z. B. sonst unbegreiflich, wie die Schrift Eduard Röder's: »das Wort *a priori*«, jemals hätte entstehen können. Aber auch diejenigen Werke, welche von tiefer liegenden Ideen aus in das Innere des Kantischen Systemes eindringen und zum Theil auch wirklich recht belehrende Aufschlüsse über einzelne Parthieen desselben geben, wie besonders Cohen's bekannte Arbeit über »Kant's Theorie der Erfahrung«, lassen noch die Unterordnung unter einen dominirenden Gesichtspunkt vermissen, durch welchen zugleich ein innerer Zusammenhang mit andern Leistungen vermittelt würde. Oder sollte es wirklich letzter Endzweck des Kantstudiums sein, »diesen Heros des deutschen Geistes in seiner Grösse als Denker und in seiner Würde als Charakter dem Bewusstsein der Zeitgenossen zu erschliessen«? Dann möchte allerdings auch wohl eine philologische Interpretation für die einzig richtige Behandlungsweise seiner Philosophie gelten dürfen. Aber jener Zweck ist ebensowenig Endzweck, als die philologische Interpretation das eigentliche Wesen des Kantstudiums ausmachen darf. Es handelt sich vielmehr um die rein sachliche Lösung der Aufgabe, aus dem Kantischen Systeme den eigentlich dauerhaften Kern herauszulösen, an welchen die Weiterbildung einer philosophischen Wissenschaft ansetzen kann: diese Aufgabe aber kann nur durch eine einschneidende Kritik gelöst werden, und die philologische Betrachtung hat sich in den Dienst dieser letzteren zu stellen, indem ihr die Aufgabe obliegt, für sie das nöthige Material zu sammeln und zu sichten. Wenn in diesem Sinne sich die Kantphilologie in Zusammenhang mit der Kritik setzen und diese selber wiederum von einem festen Gesichtspunkte aus in einer geraden Richtung weitergeführt würde, dann würde in der That das neuerwachte Studium der Kantischen Philosophie eine einheitliche, echt wissenschaftliche Arbeit darstellen, aus der früher oder später ein festes, dauerhaftes Gesammtprodukt hervorgehen müsste.

Dass man von der Philologie zur Kritik weiterzugehen habe, ist nun allerdings eine Ansicht, die gegenwärtig immer mehr Boden bei den Kantforschern zu gewinnen scheint,[5]) wie ja überhaupt die philologische Erklärung niemals ausschliesslich geherrscht hat. Aber diese Kritik, wie sie thatsächlich heute geübt wird, zersplittert sich in eine Anzahl von Untersuchungen, die von ganz verschiedenen Principien und Zwecken ausgehend, aller gemeinsamen Beziehungen entbehren. Nicht nur Detailarbeiten, wie Knauer's Berichtigung der Kategorientafel und Hartmann's Kritik des Dings an sich[6]) stehen so beziehungslos nebeneinander, sondern selbst solche Werke, welche tief in das Mark der Kantischen Philosophie eindringen, um eine möglichst vielseitige und umfassende Beurtheilung derselben zu geben, laufen in so divergirende Richtungen aus, dass man vergebens nach Punkten sucht, wo sie ineinandergreifen und unter welchen man ihre Resultate zu einem Gesammtfacit zusammenfassen könnte.

Dem so bezeichneten Mangel, durch welchen der Kantliteratur das entzogen wird, was man die innere Einheit nennen könnte, durch Aufstellung eines obersten Gesichtspunktes abzuhelfen, ist nun ein Plan, der den Verfasser dieser Abhandlung schon seit längerer Zeit ernstlich beschäftigt und den er in eben jener oben erwähnten Arbeit über das methodologische Problem des Kantischen Kriticismus zur Ausführung zu bringen hofft.

Dieselbe geht nämlich von dem Gedanken aus, dass eine einheitliche Kritik der Kantischen Philosophie die Grundidee in's Auge zu fassen habe, welche diese Philosophie selbst beherrscht und um derentwillen sie als Kriticismus, als ein reformatorisches und grundlegendes Werk angesehen werden will. Die Aufsuchung dieser Grundidee, der Nachweis, wie durch dieselbe wenigstens ursprünglich der Aufbau der beiden Hauptwerke, der Kritik der reinen und der der praktischen Vernunft, bestimmt wird, und schliesslich die Erklärung der Gründe, welche Kant im weiteren Verlaufe seiner Darstellung von dieser Grundidee abgetrieben und andere Gesichtspunkte in den Vordergrund gedrängt haben — das ist die Aufgabe, welche ich in jener Arbeit zu lösen gedenke.

Diese eigentliche Grundidee des Kriticismus aber, wie sie sich unter der Berührung mit den entgegengesetzten Standpunkten des philosophischen Dogmatismus und Empirismus, d. i. dem sogenannten Skepticismus David Hume's — siehe hierüber den Anfang des zweiten Kapitels — in Kant's Geiste ursprünglich herausgebildet hat, ist die endgültige Entscheidung des eigenthümlichen Streites, der sich zwischen jenen beiden gegensätzlichen Standpunkten ausspannt: dieser Streit aber dreht sich nicht um die Behauptung dieser oder jener Weltanschauung, sondern er ist rein propädeutischer Natur, indem er sich lediglich auf die Frage bezieht, welche Methode die Philosophie als Wissenschaft anzuwenden habe — die der aprioristischen Vernunftdeduktion oder die empirische Methode der Beobachtung und Induktion. Die Differenz zwischen beiden Standpunkten ist also durchaus methodologischer Art; ganz denselben Charakter aber trägt ursprünglich der auf einen endgültigen Austrag zwischen beiden gerichtete Kriticismus Kant's: das Problem, das ihm zu Grunde liegt, ist methodologisch.

Bevor nun dieses methodologische Problem als die leitende Grundidee des Kantischen Kriticismus nachgewiesen wird — womit der erste Theil der erwähnten Arbeit sich beschäftigen soll — ist nun offenbar erst die Aufgabe zu lösen, die methodologische Natur jener beiden Standpunkte selbst, auf welche er Bezug nimmt, ausführlich darzulegen. Nicht als ob es sich um die Begründung einer ganz neuen Behauptung handelte — denn auch schon Paulsen hebt es im Eingange seines werthvollen »Versuches einer Entwickelungsgeschichte der Kantischen Erkenntnisstheorie« hervor, dass der wesentliche Unterschied zwischen beiden Standpunkten methodologischer Art sei; es kommt vielmehr darauf an, die Voraussetzungen und Gründe blosszulegen, auf welche der Dogmatismus einerseits und der Empirismus andrerseits ihre Ansichten hinsichtlich der in der Philosophie zu befolgenden Methode stützen. Denn eben diese Voraussetzungen und Gründe sind es, von deren eingehender Prüfung Kant ausgegangen ist, um das Problem selbst in seinen Wurzeln anzugreifen. Auf die Darstellung derselben richtet daher die nachstehende Abhandlung ihr besonderes Augenmerk.

Eben dieser besondere Zweck ist es, der sie in innigen Zusammenhang mit jener grösseren Arbeit setzt und ihr in Bezug auf dieselbe den Charakter einer grundlegenden Einführung verleiht. Hieraus aber ergiebt sich ferner, dass sie die Darstellung jener beiden gegensätzlichen Standpunkte im Wesentlichen auf diejenigen ihrer Vertreter zu beschränken hat, auf welche Kant selbst unmittelbar Bezug genommen hat, nämlich die Leibnitz-Wolfische Schule einerseits und David Hume andrerseits. Wenn nichtsdestoweniger die Erklärung des dogmatistischen Standpunktes zuweilen über diesen Kreis hinausgreift, um auch Plato und Aristoteles herbeizuziehen, so wird dies am Orte selbst durch die Natur der Sache als gerechtfertigt erscheinen. Ein Missverständniss möge aber sogleich hier vermieden werden: es handelt sich nicht um eine historische Entwickelung, sondern lediglich um eine in die Lebenswurzeln eindringende Charakteristik beider Standpunkte. Jedem derselben soll ein besonderes Kapitel gewidmet werden.

Erstes Kapitel.

Charakteristik des Dogmatismus.

Zum Ausgangspunkte möge uns hier eine Stelle aus der Vorrede zur zweiten Ausgabe der Kritik der reinen Vernunft dienen, welche deutlich das eigenthümliche Wesen des Dogmatismus hervorhebt. Kant erklärt dort[7]) nämlich:

»Die Kritik ist nicht dem dogmatischen Verfahren der Vernunft in ihrem reinen Erkenntniss, als Wissenschaft, entgegengesetzt (denn diese muss jederzeit dogmatisch, d. i. aus sicheren Principien *a priori* strenge beweisend sein), sondern dem Dogmatismus, d. i. der Anmassung, mit einer reinen Erkenntniss aus Begriffen (der philosophischen) nach Principien, sowie sie die Vernunft längst im Gebrauche hat, ohne Erkundigung der Art und des Rechtes, wodurch sie dazu gelangt ist, allein fortzukommen. Dogmatismus ist also das dogmatische Verfahren der reinen Vernunft ohne vorangehende Kritik ihres eigenen Vermögens.«

Es leuchtet sofort ein, dass der Gesichtspunkt, unter welchem hier der Dogmatismus betrachtet wird, methodologisch ist: der Begriff, auf den die Definition sich stützt, ist der des dogmatischen Verfahrens *id est* der dogmatischen Methode, deren Wesen wir vorläufig mit Kant in der strengen Ableitung wissenschaftlicher Lehrsätze aus sicheren Principien *a priori* erblicken wollen. Was nun aber die charakteristische Eigenthümlichkeit des Dogmatismus ausmacht, ist der Umstand, dass er diese Methode für die Philosophie schlechtweg in Anspruch nimmt, ohne vorher zu untersuchen, ob und bis zu welchen Grenzen sie in derselben überhaupt anwendbar sei.

Wir können daher sagen: Dogmatismus ist die unkritische Anwendung der dogmatischen Methode in
der Philosophie. — An der Hand dieser Definition wollen
wir jetzt tiefer in den Gegenstand selbst einzudringen suchen,
um die Voraussetzungen aufzudecken, auf welche er sich stützt.
Denn so viel ist bereits von vornherein klar, dass es sich hier
eben nur um Voraussetzungen und Annahmen, nicht um eine
aus der genauen Prüfung unseres Erkenntnissvermögens gezogene
Begründung handeln kann; Dogmatismus ist ja eben die Anwendung der aus Vernunftprincipien deducirenden Methode »ohne
Erkundigung der Art und des Rechtes, wodurch sie dazu gelangt
ist.« Eine solche deducirende Methode wird aber immer nur
unter ganz besonderen Bedingungen möglich sein, die der Dogmatismus zugleich mit der Möglichkeit jener Methode selbst
voraussetzt und in deren Voraussetzung er seine Wurzeln hat.
Um diese Bedingungen nun zu entwickeln, ist es nothwendig,
zuerst etwas näher auf das Wesen des deduktiven Verfahrens
überhaupt einzugehen.

Einer jeden Wissenschaft schwebt mehr oder weniger
bestimmt das Ideal vor, ihre Lehrsätze derartig mit einander
zu verketten, dass sie alle von einem obersten, allgemeinsten
Grundgesetze ihre Erklärung und Gewissheit erhalten und durch
ihre gemeinschaftliche Beziehung zu demselben ein einheitlich
geschlossenes, systematisches Ganze bilden.

Alle streben nämlich über die Stufe des blos Zufälligen und Wahrscheinlichen sich zu erheben, indem sie ihre
Lehrsätze als feste, unumstössliche Wahrheiten darzustellen
suchen. Dies kann aber nur dadurch geschehen, dass man sie
als nothwendig und allgemeingültig nachweist.[8]) Nun kann
einem Satze dieser Charakter der Nothwendigkeit und Allgemeingültigkeit nicht auf dem Wege der blossen Beobachtung
von Thatsachen und der Heraushebung und Verallgemeinerung
ihrer wahrgenommen Gleichförmigkeiten, d. i. auf induktivem
Wege verschafft werden; denn die beobachteten Thatsachen für
sich allein zeigen uns niemals zugleich die Nothwendigkeit ihres
Eintretens, und die häufig wahrgenommene Gleichförmigkeit
ihres Zusammenseins oder ihrer Aufeinanderfolge gibt uns niemals Gewissheit darüber, ob dieses Zusammensein oder Aufein-
anderfolgen auch noch mehr, als ein häufig bemerktes und eben
auch nur häufig stattfindendes Verhältniss, ob es eine stetige,
konstante Beziehung von Thatsachen ist, die in einem bestimmten Gesetze ausgedrückt werden kann. Vielmehr vermögen
wir eine solche Nothwendigkeit und Stetigkeit nur dann festzustellen, wenn es uns gelingt, die wahrgenommenen Erscheinungen als die besonderen Fälle anderer, bereits bekannter Gesetze
nachzuweisen: sie sind dann in diesen allgemeineren Gesetzen

schon mit einbegriffen und lassen sich auf dem Wege eines logischen Schlussverfahrens aus denselben ableiten d. h. *a priori* beweisen.[9]) Sie erhalten durch diese Ableitung denselben Grad der Nothwendigkeit und Gewissheit, den ihre Prämissen bereits besitzen. Eben diese Ableitung bildet das Wesen des deduktiven Verfahrens.

Nun leuchtet es aber ein, dass die also *a priori* bewiesenen Lehrsätze die gewünschte Nothwendigkeit und Gewissheit auch nur gerade in demselben Grade erhalten, den die Prämissen mit sich führen, und dass, so lange diese selbst nichts Anderes als blosse Verallgemeinerungen aus Beobachtung von Thatsachen d. h. als blos empirische Gesetze von nur komparativer Allgemeinheit sind, auch allen aus ihnen hergeleiteten Schlusssätzen nur eine komparative Allgemeinheit und relative Gewissheit zukommt. Um hier also den höchstmöglichen Grad von Nothwendigkeit und Allgemeingültigkeit zu erreichen, muss man auch für die Prämissen wiederum ein Erklärungsprincip suchen, welches dann seinerseits zu seiner eigenen Feststellung wieder eines noch allgemeineren Gesetzes bedarf u. s. f. Diese Nothwendigkeit, zu den aufgestellten Erklärungsprincipien immer wieder noch höhere und allgemeinere aufzusuchen, würde den Forscher *in infinitum* weitertreiben und die Ankettung seines wissenschaftlichen Systemes an letzte, feste Grundprincipien in eine unerreichbare Ferne rücken, wenn nicht doch schliesslich sein Wissensdrang bei irgend einem Punkte ihn Halt machen liesse. Dieser Punkt aber ist erreicht, sobald es ihm gelungen ist, ein Grundgesetz zu entdecken, welches die ganze Mannigfaltigkeit der auf sein Forschungsgebiet bezüglichen Lehrsätze als Einzelfälle in sich schliesst und daher einen hinreichenden Erklärungsgrund für sie alle darzubieten vermag. Ein solches Grundgesetz ist allerdings selbst wiederum nichts Anderes als eine Verallgemeinerung aus den Daten der Erfahrung, die anfangs nur als Hypothese aufgestellt wird. Aber der Umstand, dass diese Hypothese auf alle Fälle der Wirklichkeit sich als anwendbar erweist und die ganze Fülle der auf dem bezüglichen Gebiete auftretenden Erscheinungen zu erklären vermag, erhebt dieselbe, obwohl sie einer aprioristischen Beweisführung entbehrt, zu einem so hohen Grade der Gewissheit, dass alle Skepsis gegen sie ohnmächtig ist. Ist und bleibt diese Gewissheit also auch immer subjektiv, so drängt sie sich doch allen Subjekten, soweit sie sich mit der Erkenntniss des betreffenden Erscheinungsgebietes beschäftigen, mit gleicher Nothwendkeit auf und befriedigt so allgemein den wissenschaftlichen Forschungstrieb. Dieselbe Gewissheit aber erlangen nun auch die einzelnen Lehrsätze, sobald es gelingt, dieselben auf jenes oberste Grundgesetz zurückzuführen; ist dieses Ziel erreicht, so bilden sie ein den Wissensdrang des Menschen vollständig befriedigendes System. [10])

Da nun eine jede Wissenschaft darnach strebt, ihren Sätzen diesen Grad von Gewissheit zu verleihen, so ist es allerdings naturgemäss, dass alle Wissenschaften nicht allein die Tendenz haben, deduktiv zu werden, sondern auch darauf ausgehen, die Deduktion an ein letztes, alle Einzelheiten des gesammten Forschungsgebietes gleichmässig umfassendes Grundgesetz anzuknüpfen. [11]) Für die Astronomie z. B. ist dasselbe bereits gefunden in dem alle Bewegungen der Himmelskörper gleichmässig umfassenden Gravitationsgesetze. Vergl. Mill, Logik II, 183.

Diese systematische Durchführung der deduktiven Methode ist nun aber ein Ideal, das, wenn auch von allen Wissenschaften erstrebt, doch für die meisten derselben noch in weiter Ferne liegt und nur ganz langsam und allmählig erreicht werden kann. Der Grund hiervon liegt in dem Umstande, dass das ganze deduktive Verfahren auf der Grundlage des induktiven ruht und somit, »obgleich alle Wissenschaften immer mehr und mehr deduktiv zu werden streben, sie darum um nichts weniger induktiv bleiben, indem doch jeder Schritt in der Deduktion immer noch eine Induktion ist.« [12]) Auch diese Beziehung des deduktiven Verfahrens zur Induktion müssen wir uns hier klar machen.

Es sind hierbei hauptsächlich zwei Punkte hervorzuheben.

Erstlich müssen nämlich die allgemeinsten, an die Spitze des Systemes zu stellenden Grundsätze, wie dies oben schon angedeutet wurde, selbst erst aus der Erfahrung, auf induktivem Wege gewonnen werden; Mill weist in seiner Logik [13]) nach, dass selbst die Grundprincipien der Mathematik, nämlich die Definitionen und Axiome, ursprünglich »Verallgemeinerungen aus der Erfahrung«, »Erfahrungswahrheiten« sind. Wenn man nun auch dieser letzteren wegen ihrer »bis zum Ueberfluss begründeten und einleuchtenden Evidenz« leicht und sicher habhaft geworden ist, so haben doch die meisten Wissenschaften, z. B. alle diejenigen, welche auf die stoffliche Seite der Natur sich richten, erst ganz allmählig sich zu ihren obersten Principien emporzuarbeiten, indem sie von der ersten, rohen Stufe ganz zerstreuter Beobachtungen ausgehend, durch Vergleichung derselben allmählig eine Anzahl Gleichförmigkeiten unter ihnen entdecken und in (empirische) Gesetze fassen, diese Beobachtungen und Verallgemeinerungen durch Zuhülfenahme und Vervollkommnung des Experimentes im Laufe der Zeiten immer mehr anwachsen lassen und durch fortgesetzte Vergleichung der bereits gewonnenen Induktionsgesetze diese selbst in eine immer kleinere Anzahl allgemeinerer Gesetze aufzulösen suchen, um sich so, gleichsam pyramidalisch, nach oben zuzuspitzen, bis dann endlich auf der Höhe, im Kopfe irgend eines genialen Entdeckers, das Grundgesetz

aufblitzt, welches alle Sätze umfasst, ihnen Festigkeit und Beweiskraft verleiht und der ganzen Wissenschaft ihren systematischen
Abschluss giebt. Ein solcher Endprozess vollzog sich auf dem
Gebiete der Astronomie, als Isaak Newton auf den Gedanken
kam, die Bewegungen aller Körper des Sonnensystemes insgesammt
zu betrachten als Merkmale einer Bewegung um einen gemeinsamen Mittelpunkt, mit einer Centripetalkraft, die in geradem
Verhältnisse mit ihrer Masse und im umgekehrten Verhältniss
mit dem Quadrate ihrer Entfernung von jenem Mittelpunkte
wechselt. Um zu dieser allumfassenden Grundidee zu gelangen,
bedurfte es aber auch erst jener Vorstufe auf welche Keppler
die Wissenschaft gebracht, indem er das wirre Durcheinander
ihrer bisherigen Erklärungsversuche in jene wenigen, einfachen
Gesetze auflöste, die unter seinem Namen allgemein bekannt
sind. Aber auch solche Vorstufen können eben nur ganz allmählig
erst erreicht werden, und für manche Wissenschaften, wie z. B.
die Chemie, liegen auch sie jetzt noch in weiter Ferne.[14])

Was nun aber zweitens die Durchführung des deduktiven
Verfahrens für die meisten Wissenschaften besonders schwierig
macht und ihren systematischen Abschluss so weit in die Ferne
rückt, ist der Umstand, dass die abzuleitenden Lehrsätze allerdings
alle mit einander in dem obersten Grundgesetze, als besondere
Fälle desselben, einbegriffen sind, aber aus demselben, allein
genommen, sich keineswegs herausholen lassen. Dasselbe enthält
eben nur die oberste, allgemeinste Bestimmung, die sie alle
mit einander gemein haben, nicht aber die Besonderheiten, durch
welche sie sich von einander unterscheiden und welche gerade
ihren individuellen, neu zu gewinnenden Inhalt ausmachen. Diese
Besonderheit besteht nämlich darin, dass sie von dem Forschungs-
gebiete, auf welches jenes Grundgesetz, ohne Rücksicht auf
seine Einzelheiten, nur ganz allgemein sich bezieht, eine bestimmte
Klasse von Erscheinungen behandeln. Diese Erscheinungen
selbst aber müssen, da das Gesetz von ihnen nicht besonders
redet, erst durch die Erfahrung gegeben und die ihr eigenthümliches Wesen ausdrückenden Bestimmungen durch Beobachtung
und Abstraktion, kurz, auf induktivem Wege, gewonnen
werden. Erst wenn diese so *a posteriori* gefundenen Bestimmungen
unter jenes allgemeine Grundgesetz subsumirt worden sind,
lassen sich aus eben dieser Subsumtion, auf dem Wege des
Syllogismus. weitere, die Eigenthümlichkeit der betreffenden
Erscheinungsklasse bestimmende Gesetze *a priori* ableiten. So
würde die Astronomie mit dem Gesetze der Gravitation, »dass
jedes Theilchen des Weltalls jedes andere Theilchen mit einer
Kraft anzieht, welche sowohl der Masse des anziehenden als des
angezogenen Theilchens proportional ist und sich im umgekehrten
Verhältniss des Quadrats der Entfernung zwischen beiden

verändert« — keinen Schritt aus der Stelle kommen, wenn sie nicht die einzelnen, aus der Zusammensetzung solcher Theilchen bestehenden Körper im Weltall aufsuchte und durch Beobachtung und Messung ihre Massen und gegenseitigen Entfernungen bestimmte, um auf die gewonnenen Bestimmungen dann das Gravitationsgesetz anzuwenden. Allerdings kann man dann mit Hülfe desselben die Bahnen der so *a posteriori* bestimmten Körper berechnen; ja man vermag sogar das Vorhandensein anderer, bisher noch nicht bekannter Körper von hier aus *a priori* zu bestimmen, indem man, wenn die Beobachtung ergiebt, dass die wirklichen Bahnen jener mit den ihnen durch Berechnung beigelegten nicht in Einklang stehen, zu dem Schlusse geführt wird, dass die wirklichen Bahnen durch die Einwirkung eines Körpers modificirt werden, der bisher noch nicht bekannt und also in der Rechnung auch nicht mit angesetzt war. Aber zu dieser Schlussfolgerung ist eben wiederum Beobachtung, nämlich die der wirklichen Bahnen der bereits bekannten Körper, sowie die Entdeckung der weiteren Thatsache erforderlich, dass die Resultate der Beobachtung mit denen der Berechnung nicht übereinstimmen. Eben die Resultate solcher Beobachtungen und Entdeckungen geben die Mittelglieder zu der Kette von Schlüssen her, welche die abzuleitenden Wahrheiten mit den allgemeineren und durch diese schliesslich mit dem obersten Gesetze selbst verknüpfen.

Es scheint uns ferner wichtig, noch die Bemerkung hinzuzufügen, dass die Anzahl der zur Deduktion erforderlichen empirischen Mittelglieder in dem Grade wächst, in welchem sich die abzuleitenden Gesetze specificiren. Denn je specieller diese werden, um so grösser wird die Zahl eigenthümlicher Einzelheiten, auf welche sie Bezug haben und deren besonderes Verhältniss zu einander sie zum Ausdruck bringen. So betrachten die tiefer in die Einzelheiten der Physik eindringenden Forschungen ihren besonderen Gegenstand wiederum in seinem Verhalten zu andern, eigenthümlichen Erscheinungen. Da es sich hierbei um die Frage handelt, welche Veränderungen er durch die Einwirkungen derselben erfährt oder welche er in ihnen hervorruft, diese Veränderungen aber abhängig sind von den Kräften der einwirkenden Erscheinungen einerseits und der Reaktionskraft der leidenden andrerseits, so müssen offenbar, bevor die erfragte Wirkung berechnet werden kann, erst die die Rechnung bestimmenden beiderseitigen Kräfte selbst, d. h. nichts Anderes, als das besondere Wesen der verschiedenen zusammen wirkenden und auf einander wirkenden Gegenstände erkannt werden. Die dieses besondere Wesen der einzelnen Erscheinungen ausdrückenden Bestimmungen sind die Definitionen, und sie müssen allemal auf induktivem Wege aus dem Grunde der

Dinge selbst hervorgeholt werden, weil nur Erfahrung uns über die charakteristischen Eigenschaften derselben zu belehren vermag. Erst wenn diese Definitionen induktiv gewonnen und auf ein allgemeineres, sie gleichmässig umfassendes Gesetz bezogen worden sind, lassen sich aus ihrer Kombination Specialsätze *a priori* ableiten, welche den betreffenden Gegenstand in seinem Verhalten zu den anderen besonderen Erscheinungen näher bestimmen.[15])

Wir sehen also, dass in der That das deduktive Verfahren, sowohl was die Entdeckung der obersten Grundgesetze als auch die Auffindung der die Ableitung weiterer Lehrsätze bedingenden Mittelglieder anbetrifft, von der Erfahrung abhängig ist; es stützt sich durchweg auf Induktionen uud wird von solchen durchkreuzt.

Wenn daher auch, wie oben gezeigt wurde, alle Wissenschaften naturgemäss die Tendenz haben, deduktiv zu werden, so streben sie doch keineswegs nach einer gänzlichen Beseitigung der Induktionen; sie suchen dieselben nur auf eine möglichst kleine Anzahl zu reduciren, indem sie die empirisch aufgefundenen Gesetze in einfachere, umfassendere aufzulösen suchen. Ihr eigentliches Endziel ist daher, kurz gesagt: aus der Kombination möglichst weniger und einfacher Induktionen das ganze Gewebe der auf ihr besonderes Forschungsgebiet bezüglichen Gesetze herauszuspinnen. Auch die Mathematik verfährt nach diesem Princip, und es gelingt ihr die sichere und konsequente Durchführung desselben nur aus dem Grunde, weil durch die einfache Natur ihres Gegenstandes die nöthigen Induktionen so nahe gelegt und zu einer so klaren Evidenz erhoben werden, dass die eigentliche Schwierigkeit nur allein in der richtigen Verknüpfung derselben liegt, während die der stofflichen Seite der Natur zugewandten Wissenschaften die ihrigen erst mit grosser Mühe und vielem Zeitaufwande aus der unerschöpflichen Fülle der Erscheinungen herauszuarbeiten haben und daher dem Ziele ihrer systematischen Verknüpfung zum Theil noch sehr ferne stehen.[16])

Diese Darstellung des deduktiven Verfahrens und seiner nothwendigen Beziehungen zur Induktion setzt uns nunmehr in den Stand, unsern eigentlichen Gegenstand selbst in seinen Wurzeln zu erfassen; denn die charakteristischen Eigenthümlichkeiten und Voraussetzungen, auf welche der Dogmatismus sich gründet, werden sich jetzt klar und deutlich an derselben abheben.

Während, wie wir sahen, die meisten Wissenschaften erst durch einen ganz allmähligen, langen Entwickelungsprocess hindurch dem Ziele ihrer systematischen Vollendung sich zu nähern vermögen, meint der Dogmatist die Philosophie demselben ungleich schneller entgegenführen zu können; er glaubt im Stande zu sein, diese Wissenschaft in seinem eigenen Kopfe zu beginnen und auch zum Abschluss zu bringen. Die Geschichte der Philosophie, soweit sie auf dogmatistischem Boden dahin läuft, zeigt uns nichts als eine fortgesetzte Reihe immer neuer Originalversuche, ein philosophisches System auf den Trümmern des andern, vom Fundament bis zum Giebel hinauf, empor-zuführen. Diese immer neuen Versuche aber wurzeln in einer methodologischen Ansicht, die, wenn auch noch nicht das ganze Wesen des Dogmatismus, so doch wenigstens eine durchaus charakteristische Seite dieses Wesens ausmacht.

Bei den auf die stoffliche Seite der Natur gerichteten Wissenschaften ist es, wie gezeigt wurde, vornehmlich die Auf-findung der die Deduktion stützenden, empirischen Elemente, was ihren systematischen Abschluss so schwer und langwierig macht: eben dieser zeitraubenden Bemühung aber glaubt der Dogmatist überhoben zu sein, indem er der Ansicht ist, die Deduktion und Systematisirung seiner philosophischen Lehrsätze ganz ohne Beihülfe der Induktion zu Stande bringen zu können. Damit ist nun die soeben angedeutete, eine charak-teristische Seite des Dogmatismus im Allgemeinen bezeichnet und umschrieben: sie besteht nämlich in der eigenthümlichen, methodologischen Voraussetzung, das deduktive Verfahren in der Philosophie unabhängig von aller Erfahrung durchführen zu können, woraus dann unmittelbar die prak-tischen Versuche hervorgehen, diese Durchführung thatsächlich in's Werk zu setzen. — Diese charakteristische Eigenthümlich-keit des Dogmatismus, die sich also speciell auf die in der Philosophie zu handhabende Methode bezieht, haben wir nun-mehr ihren Einzelheiten nach uns eingehender zu vergegen-wärtigen; eine zweite, auf den Gegenstand der philosophischen Erkenntniss bezügliche Seite desselben wird uns später entgegen-treten. —

Von diesem Standpunkte aus begnügt man sich nämlich für die Feststellung eines philosophischen Systemes noch nicht mit jenem Grade subjektiver oder moralischer Gewissheit, wie sie die durchgängige Uebereinstimmung seiner Lehrsätze mit den Erscheinungen der Wirklichkeit z. B. dem Naturforscher gewährt. Bei dem Letzteren ist es die Macht der Thatsachen, welche eine Skepsis wenigstens praktisch unmöglich macht und auch theoretisch die sogenannten Vernunftgründe des Zweiflers in das Reich der grillenhaften Hirngespinste verweist; dem Philosophen aber, der von jeher vornehmlich mit Vernunftbe-weisen operirt und häufig schon durch die intelligible Natur seines Gegenstandes der Möglichkeit eines Rückweises auf die Thatsachen sich beraubt sieht, muss sich naturgemäss das Be-

dürfniss aufdrängen, die theoretischen Bedenken des Skeptikers
auch theoretisch zu widerlegen, sie durch Vernunftgründe unmöglich zu machen. Eine solche, gegen alle Skepsis gefeite
Gewissheit und Evidenz kann aber seinen Sätzen nur dadurch
verliehen werden, dass er sie aus Gründen herleitet, die
ein Anderssein unmöglich machen: eben in der Behauptung,
dass dieser oder jener Beweis die Möglichkeit nicht ausschliesse,
dass es auch anders sein könne, besteht ja das Wesen der
Skepsis; sie kann also auch nur beseitigt werden, indem man
die Vernunft zur Anerkennung des Behaupteten mit einer Nothwendigkeit zwingt, die jedes Anderssein als unmöglich ausschliesst. Auf diese Weise werden Nothwendigkeit und
Unmöglichkeit des Gegentheils gleichwerthige Begriffe:
τὸ δ'ἀναγκαῖον οὐκ ἐνδέχεται ἄλλως ἔχειν, sagt Aristoteles,
und für Leibnitz gilt als charakteristisches Merkmal der
nothwendigen Wahrheiten, dass *leur opposé est impossible*.[17])
In diesem Zusammenhange erhält auch erst der Begriff der
Allgemeingültigkeit, den wir bereits oben (S. 7, [8]) als
Correlat des Begriffes der Nothwendigkeit einführten, seine
eigentlich strikte Bedeutung: die Gültigkeit eines nothwendigen
Satzes besitzt hiernach eine für alle mit uns in Denkgemein-
schaft stehenden Wesen gleich bindende Allgemeinheit, so dass
auch kein Skeptiker ihr sich entziehen kann.

Wie aber ist diese strikte Nothwendigkeit und Allgemeingültigkeit zu erreichen?

Bedenkt man, dass die wissenschaftliche Thätigkeit überhaupt auf die begriffliche Verarbeitung eines bestimmten, je
nach der Natur ihres Gegenstandes verschiedenen, Vorstellungs-
materiales gerichtet ist, welches theils durch Beobachtung und
Zergliederung äusserer Vorgänge, theils durch Reflexion auf
die Erscheinungen des Geisteslebens dem Denken zugeführt
wird, so findet man, dass sich dieselbe wesentlich aus drei verschiedenen Grundthätigkeiten zusammensetzt. Die erste besteht
eben in der Aufnahme des Materiales selbst in unser Vorstellungsvermögen, und zwar gehören zu diesem Materiale nicht
nur die Begriffe, die wir von der äusseren oder inneren Erfahrung abziehen, sondern auch die Gesetzte, die wir aus der
häufigen Beobachtung bestimmter Zusammenhänge geistiger
oder körperlicher Vorgänge unmittelbar gewonnen haben, d. h.
die unmittelbar empirischen Gesetze. Dieses Material,
welches durch fortgesetzte Beobachtung und Erfahrung einen
immer frischen Zuwachs erhält, gilt es nun zu einem, allmählig
immer einheitlicher zu gestaltenden, Ganzen zu verknüpfen. Da
eine solche Verknüpfung aber in der Zurückführung einzelner
Regeln auf allgemeinere Gesetze, welche die ihnen allen gemeinsamen Gleichförmigkeiten ausdrücken, sowie in der Ableitung

weiterer Einzelgesetze aus der Kombination höherer Allgemeinheiten besteht, so ist zuerst eine Vergleichung des gesammelten
Materiales erforderlich, um unter seinen Einzelheiten gewisse,
zu allgemeinen Gesetzen zusammenzufassende Gleichartigkeiten
aufzufinden: dies ist das zweite Glied der wissenschaftlichen Thätigkeit. Dass eine solche Vergleichung gänzlich abhängig ist von der
eigenthümlichen Beschaffenheit des Materiales selbst, dass sie überhaupt nur unter der Bedingung möglich, dass dieses Material
thatsächlich durch durchgängige Gleichförmigkeiten einheitlich
gegliedert ist, liegt auf der Hand: ohne eine solche, unserem
Begriffsvermögen angemessene und in diesem Sinne zweckmässige
Harmonie der Erscheinungen wäre eine denkende Verarbeitung
derselben überhaupt eine Unmöglichkeit: es ist dies das Gesetz
der Specification, die Hypothese von der Begreiflichkeit der
Natur, welche als das erste Postulat jeder wissenschaftlichen
Erkenntniss dasteht. [13]) — Auf der durch die beiden ersteren
Thätigkeiten dargebotenen Grundlage entfaltet nun die eigentlich synthetische Kraft des Denkens ihre Wirksamkeit,
welche das aufgenommene Material vermittelst der entdeckten
Gleichförmigkeiten zu einem begrifflichen Systeme verknüpft,
und so das vorhandene Inventar von Vorstellungen und Lehrsätzen nicht allein einheitlich gliedert, sondern auch *a priori*
bereichert, indem sie aus der Verbindung bereits bekannter
Sätze eine Anzahl neuer herleitet. Diese verknüpfende Thätigkeit ist nicht mehr abhängig von der Beschaffenheit ihres konkreten Gegenstandes, sondern vollzieht sich lediglich gemäss der
logischen Natur des Denkens selbst: auch hier zeigt die Natur
eine dem Denken so durchaus konforme Uebereinstimmung, dass,
wenn ihre Erscheinungen überhaupt erst einmal in das Vorstellungsvermögen aufgenommen und in begriffliche Regeln
umgesetzt sind, sie nun in dieser begrifflichen Gestalt vom
Denken, lediglich seinen eigenen, d. h. den logischen Gesetzen
gemäss verarbeitet werden können, mit der Gewissheit, dass das
begriffliche Produkt, — falls es nur auf dem Wege einer
richtigen Logik zu Stande kommt, — allemal ein reales Natur-
ergebniss darstellen wird. Dieses begriffliche Produkt aber
erzeugt das Denken durch die ihm eigenthümliche Thätigkeit
des Schliessens, welche, da sie solidarisch mit der Natur des
Denkens verwachsen, mit ihm identisch ist, auch für jedes
einzelne Denken, d. h. für alle einzelnen Denkwesen sich mit
gleicher Nothwendigkeit vollzieht: Die Konsequenzen einer richtigen Syllogistik sind nothwendig in dem Sinne, dass sie das
Denken selbst nicht anders denken kann, ohne mit sich
in Widerspruch zu kommen; sie sind allgemein gültig und
somit auch für einen Skeptiker zwingend. Auf diesem Gebiete
der rein logischen Thätigkeit ist für die Skepsis überhaupt kein

Raum. Aber auch zwischen die soeben als wissenschaftliches Postulat von uns besprochene Parallelität von Denken und Sein vermag sie sich nicht einzudrängen: der Gedanke, dass das Letztere dem streng logischen Begriffslaufe ganz beziehungslos gegenüber stehe und nur zufällig, wenn auch sonderbarer Weise bisher noch immer, mit ihm übereingestimmt habe, so dass wir niemals sicher sein dürfen, ob es nicht plötzlich unsern denkrichtigen Deduktionen ein höhnisches Mephistoantlitz zeigen werde — dieser Gedanke ist kein auf Gründe gestützter Zweifel, sondern ein kapriciöser Einfall. [19]) Die gesunde Skepsis — und dazu wollen wir hier auch den extremen Standpunkt des Phyrro-nikers rechnen — wurzelt vielmehr in einem ganz anderen Bedenken. Wenn nämlich auch die Konsequenzen eines Syl-logismus sich mit Nothwendigkeit aus ihren Prämissen ergeben, so ist ihre Wahrheit doch insofern immer nur hypothetisch, als sie von der Wahrheit der Prämissen abhängig ist: steht die der Letzteren fest, so ist auch die der Schlusssätze nicht in Zweifel zu ziehen, ἐξ ἀληθῶν μὲν οὐκ ἔστι ψεῦδος συλλογίσασθαι — aber was verbürgt eben die Wahrheit jener Prämissen? Ein wissen-schaftliches System mag noch so syllogistisch durchgeführt und somit der Form nach durchweg richtig sein, seine Wahrheit, d. h. die Uebereinstimmung desselben mit der Wirklichkeit wird doch nur in dem Falle gegen alle Zweifel gesichert sein, wenn die seine Deduktionen stützenden obersten Principien und Mittelglieder allgemeingültig und nothwendig sind. Sie bilden daher den eigentlichen Gegenstand aller wahren Skepsis; es ist die Unfehlbarkeit des ersten Gliedes wissen-schaftlicher Thätigkeit, der Aufnahme des zu verarbeitenden Materiales in unser Begriffsvermögen, welche von dem Skeptiker in Zweifel gezogen wird. Was sichert uns die Richtigkeit der aus der äusseren oder inneren Wahrnehmung gezogenen Gesetze und Definitionen, aus welchen wir das wissenschaftliche System entwickeln? — Das ist die Grundfrage aller Skepsis. Der Naturforscher begnügt sich hier mit Recht, auf die Bewahr-heitung *a posteriori*, durch die Thatsachen, hinzuweisen; der dogmatische Philosoph aber sucht auch für seine obersten Principien und Mittelglieder den unerschütterlichen Boden der Allgemeingültigkeit und Nothwendigkeit zu gewinnen, um alle Skepsis als eine Denkunmöglichkeit von seinem Systeme fern-zuhalten.

Da nun die Erfahrung eine solche Allgemeingültigkeit und Nothwendigkeit überhaupt nicht zu gewähren vermag (vergl. S. 7). so ist die Möglichkeit einer aller Skepsis trotzen-den philosophischen Wissenschaft an die Bedingung geknüpft, dass die Vernunft nach ihrer eigenen Natur die zum Aufbau des Systems erforderlichen obersten Principien und Mittelglieder aus sich selbst erzeugt. Zu ihrem Wesen gehört somit, dieser Bedingung gemäss, ein Denken, welches nicht allein nach den ihm eigenthümlichen, logischen Gesetzen ein dargebotenes Begriffsmaterial bearbeitet, sondern ein solches auch selbstständig aus sich erzeugt und zwar seiner Natur nach mit Nothwendigkeit erzeugen muss, so dass dieses Material allen Denksubjekten durch das Denken selbst mit unabweisbarem Zwange aufgedrungen wird. Insofern es aber dasselbe in spontaner Thätigkeit und somit unabhängig von aller Erfahrung aus sich selbst hervorbringt und lediglich seinen eigenen Gesetzen gemäss zu einem einheitlichen Ganzen verknüpft, würde dieses Denken ein reines Denken genannt werden müssen. Das von ihm geschaffene Material aber wäre, da es von keiner Erfahrung erst abgezogen ist, im Gegensatz zu einem so *a posteriori* gewonnenen Erkenntnissinhalte, ein durchweg aprioristisches: es bestände aus Sätzen, die, als die obersten Principien der Beweisführung, selbst keiner Deduktion mehr bedürftig sind, d. h. aus Axiomen, und zweitens aus letzten, der Vernunft unmittelbar verständlichen und wegen ihrer primitiven Einfachheit nicht weiter definirbaren Begriffen, aus deren Verbindung sich die weiteren Begriffe zusammensetzen, deren Definitionen die in die Deduktion hineintretenden Mittelglieder ausmachen: diese Axiome sowohl als auch die einfachen und zusammengesetzten Begriffe der Vernunft wären rein, weil sie mit keinen Erfahrungselementen versetzt sind, oder Grundsätze und Begriffe *a priori*.[20]) Das System der Philosophie selbst aber, welches unabhängig von aller Erfahrung aus solchen Grundsätzen und Begriffen *a priori* durch die alleinige Thätigkeit des reinen Denkens aufgebaut würde, wäre eine reine Vernunftwissenschaft, die nunmehr ihrem durchweg aprioristischen Charakter gemäss alle Skepsis im Principe aufhebt: »Nothwendigkeit und strenge Allgemeinheit« sind auch bei Kant mit dem Begriffe der Apriorität »unzertrennlich« verknüpft. (III, 35).

Was nun die in dieser Wissenschaft zur Anwendung zu bringende Methode anbelangt, so würde sie durchweg in jenem »streng dogmatischen« Verfahren bestehen, dessen Eigenthümlichkeit wir S. 6 mit Kant in der strengen Ableitung der Lehrsätze »aus sicheren Principien *a priori*« erblickten. Es müsste sich allerdings dabei zuerst darum handeln, durch Reflexion über die Thätigkeit der Vernunft das durch sie erzeugte Begriffsmaterial zu sammeln und so für die weitere Verarbeitung allererst gegenständlich zu machen; aber eben weil die Vernunft selbst dieses Material bereits *a priori* in sich birgt, wird sie desselben auch leicht und sicher habhaft werden und es vor sich hinstellen können; man dürfte die Begriffe und Grundsätze hier nach dem Vorgange des Platonischen Theätet mit jenen Vögeln vergleichen, die man bereits im Käfig sitzen hat; man braucht nur hineinzugreifen, um sie zu fassen, während der auf die Erfahrung angewiesene Forscher die seinigen erst nach langem Jagen im unermesslichen Reiche der Natur einzufangen vermag.[21]) Der eigentliche Schwerpunkt der wissenschaftlichen Thätigkeit wird somit hier ganz in das Geschäft der systematischen Begriffsverknüpfung fallen. Es wird darauf ankommen, die Begriffe der Vernunft durch unmittelbar einleuchtende und weiter nicht zu beweisende Definitionen, ὁρισμοὶ ἀναπόδεικτοι, in ihre einfachen Bestandtheile a priori auseinanderzufalten, um sodann aus der Kombination der so gewonnenen Definitionen und der Axiome das System der Wissenschaft abzuleiten: das Hauptgewicht würde hier auf die richtige Handhabung des Syllogismus zu legen sein und die Logik wäre somit das eigentlich wissenschaftliche Werkzeug der Vernunftwissenschaft.

In der That setzt nun der Dogmatismus die Anwendbarkeit einer solchen streng dogmatischen Methode und mit ihr die Möglichkeit einer Philosophie als reiner Vernunftwissenschaft voraus und gründet diese Voraussetzung auf die kritiklose Annahme der Wirklichkeit der Bedingungen, welche die Anwendbarkeit jener Methode selbst erst möglich machen, nämlich des Vorhandenseins gewisser oberster Vernunftprincipien und einer Anzahl von Begriffen a priori. Diese letzte Annahme bildet somit die eigentliche Wurzel des Dogmatismus, soweit wir ihn bisher seinem allgemeinen Wesen nach charakterisirt haben. Zugleich erklärt sich aus dem soeben Entwickelten auch die denselben mehr begleitende als seinen Charakter bedingende Eigenthümlichkeit, dass die Repräsentanten dieses Standpunktes eine so bedeutende Arbeitskraft auf die Ausbildung der Logik, als des wissenschaftlichen Organons, und besonders auf die ausführliche Behandlung des Syllogismus, des eigentlichen Hebels der Vernunftdeduktion, verwandt haben. Wir erinnern nur, was das Alterthum anbetrifft, an Aristoteles, und für die neuere Zeit an Christian Wolf.[22]) Und es ist von hier aus auch der weitere Umstand erklärlich, dass ein logisch einigermassen geschulter Kopf sich zutrauen konnte, das ganze System der Philosophie aus seinem Gehirn herauszuspinnen und allen in der »Vernunftkunst« etwas bewanderten Dilettanten mit überzeugender Sicherheit vor Augen zu stellen, so dass die Philosophie als eine leicht zu erlernende Fertigkeit galt und an den Höfen und in den Salons des 18. Jahrhunderts eine Zeit lang die Erörterung metaphysischer Fragen einen unentbehrlichen, geistigen Luxusartikel der »Gesellschaft« bilden konnte.[23])

Es ist nunmehr unsere Aufgabe, die bisher im Allgemeinen

entwickelte charakteristische Seite des Dogmatismus nach der besonderen Form, in welcher sie aus dem Systeme der Leibnitz-Wolfischen Schule Kant entgegentrat, eingehender zu beleuchten. Es ist dies um so nothwendiger, als sie hier mehrere besondere Eigenthümlichkeiten zeigt, durch welche sie sich theils wenigstens von dem Dogmatismus der Alten, theils aber auch von dem der gesammten Philosophie überhaupt unterscheidet und so ein durchaus orginelles Gepräge erhält.

Freilich stehen auch Plato und Aristoteles und mit diesem das ganze Mittelalter auf dogmatistischem Boden. Stellt es doch der erstere als die eigentliche Aufgabe des Dialektikers hin, nachdem er die reinen Begriffe oder Ideen, welche die Seele selbst durch sich selbst (Theätet 185a ff.) erfasst und denkt, von den sinnlichen Bestandtheilen, mit denen das reflektirende Denken sie im gewöhnlichen Gebrauche versetzt findet, abgelöst und vermittelst solcher Analyse schliesslich bis zur obersten reinen Idee des Guten, Unbedingten sich erhoben hat — nunmehr von dieser, als dem obersten Principe, ganz ohne Beihülfe der Erfahrung, lediglich des reinen Vernunftorgans (νόησις) sich bedienend, zu den übrigen Ideen auf synthetischem Wege wieder herabzusteigen, indem er dieselben untereinander und alle insgesammt mit jener obersten Idee zu einer systematischen Einheit verknüpft, αἰσθητῷ παντάπασιν οὐδενὶ προσχρώμενος ἀλλ'εἴδεσιν αὐτοῖς δι'αὐτῶν εἰς αὐτὰ καὶ τελευτᾷ εἰς εἴδη.[24]) Und in ähnlicher Weise erklärt es Aristoteles für die Aufgabe der in vorzüglichem Sinne von ihm als Philosophie bezeichneten Wissenschaft der πρώτη φιλοσοφία, die Vernunftbegriffe, welche nicht auf dieses oder jenes besondere Erfahrungsobjekt, sondern ganz allgemein auf das Sein an sich selbst, abgelöst von allen empirischen Bestimmungen sich beziehen,[25]) in ihrem nothwendigen, logischen Zusammenhange mit einander und mit dem obersten und allgemeinsten Begriffe des Seins oder Eins zu betrachten, indem sie ihre nothwendiger Beziehungen zu den verschiedenen Artbegriffen des Seins und dadurch mittelbar auch zu diesem selber aufdeckt und so ein systematisches Ganze schafft, welches alle dem Sein an sich mit Nothwendigkeit zukommenden Bestimmungen umfasst.[26]) Auch für die Axiome, welche als die obersten Principien der Beweisführung in der Philosophie, wie in den übrigen Wissenschaften gleich unentbehrlich sind und daher bei den letzteren ohne Weiteres als richtig angenommen und gehandhabt werden, verlangt Aristoteles innerhalb der Philosophie noch wieder eine besondere apodeiktische Ableitung: da diese Ableitung nicht in's Unendliche zurückgehen kann, so handelt es sich darum, sie an ein letztes Princip anzuhängen, welches, als das allersicherste und evidenteste, Jedem unmittelbar in die Augen springt; es ist dies bekanntlich der Satz vom Widerspruche, der »von Natur das Princip für sämmtliche übrigen Axiome ist.«[27] — Daher dürfen Plato sowohl als auch Aristoteles mit Recht als Dogmatisten angesehen werden: Beide meinen das System der philosophischen Wissenschaft mit logischer Nothwendigkeit aus Principien ableiten zu können, die ihre Evidenz und Gewissheit unmittelbar von der Vernunft selbst erhalten, und die Methode, die sie für den Aufbau eines solchen Systemes in Anspruch nehmen, ohne ihre Möglichkeit allererst zu untersuchen, ist in der That die dogmatische. Was nun aber den Dogmatismus der neueren Zeit überhaupt und der Leibnitz-Wolfianer im Besonderen von dem des Alterthums unterscheidet und ihn auf die Spitze treibt, ist eine eigenthümliche Auffassung der Art und Weise, wie man die dogmatische Methode durchzuführen habe. Die durchgängige Geschlossenheit eines wissenschaftlichen Lehrsystemes, so dass in ihm jedes einzelne Glied durch die entsprechenden Mittelglieder mit allen andern in festen Zusammenhang gesetzt erscheint, ist ja eine Idee, die überhaupt nur in dem Falle ausführbar ist, wo das zum Aufbau erforderliche Material bereits vollständig vorliegt; für die Philosophie tritt nun allerdings nach dogmatistischer Voraussetzung dieser Fall ein, und die Möglichkeit, jene Idee auszuführen, wäre damit thatsächlich gegeben. Es fragt sich aber immer noch, ob die exakte Realisirung derselben auch wirklich einen wissenschaftlichen Werth hat, ob die Zeit und Mühe, welche auf die genaue Durchführung des Systemes verwandt wird, auch durch einen entsprechenden Gewinn aufgewogen wird. Es wird dies nicht der Fall sein, wenn der Zweck, auf welchen die betreffende Wissenschaft abzielt, ebenso gut und sicher auf einem weniger umständlichen Wege erreicht werden könnte. Besteht nun die Absicht der Philosophie in nichts Anderem, als, ohne Rücksicht auf besondere, die Menschheit vornehmlich interessirende Fragen, lediglich die Beziehungen der reinen Vernunftsätze und Begriffe *a priori* nach ihrer logisch-systematischen Ordnung auszumitteln, handelt es sich also gerade um die adaequate Reproduktion des in der Vernunft bereits *implicite* vorhandenen Begriffssystemes, so kann diese Absicht auch nur vermittelst einer peinlichen Handhabung der Ineinanderkettung von Syllogismen erzielt werden und die strenge Durchführung der dogmatischen Methode wäre hier durchaus am Orte. Etwas Anderes aber ist es, wenn dem Philosophen nicht alle Sätze gleich werthvoll sind, sondern ihm an einer Auswahl bestimmter Ergebnisse gelegen ist, welche einen besonderen Erkenntnisstrieb befriedigen, indem sie Aufklärung geben über die das Wissen vornehmlich interessirenden Principien des Seins, wie z. B. über die Kausalgesetze, oder über specielle Fragen, wie das Dasein

Gottes, die Unsterblichkeit der Seele, die Freiheit des Willens. Hier würde eine grosse Anzahl von Sätzen nur ganz relativ in Betracht kommen, insofern sie nämlich die Verbindung zwischen jenen Hauptsätzen und den sie stützenden Principien vermitteln, und es ist die Frage, ob der Beweis thatsächlich alle diese einzelnen Verbindungsglieder von A bis Z zu durchlaufen habe. Nun will ja allerdings der Dogmatist in jedem Falle seine Beweisführung gegen die Angriffe der Skepsis sicher stellen und ihr das Gepräge absoluter Nothwendigkeit aufdrücken; aber auch dieser Zweck möchte sich auf einfachere Weise verwirklichen lassen. Unser Verstand vermag nämlich bei einiger Uebung eine Anzahl von Konsequenzen zu ziehen, ohne sie in die strenge Form des Syllogismus zu kleiden, und die Schlussfolgerung vollzieht sich nichtsdestoweniger mit derselben Evidenz und Gewissheit, als wenn sie alle Glieder der Gedankenkette einzeln und der Reihe nach vor das Bewusstsein hingestellt hätte. Man mag sich dabei zu der Frage, ob hier die Bethätigung eines unbewussten Principes im Spiele sei, stellen, wie man will; die Thatsache ist jedenfalls anzuerkennen, dass unser Denken sich von vorhandenen Prämissen aus mit Sicherheit zu deren Ergebnissen hinüberzuschwingen vermag, ohne die dazwischen liegenden Momente mit Bewusstsein zu berühren: diese Thatsache eben setzt uns in den Stand, in der Wissenschaft, wie im praktischen Leben, mit Ueberspringung an sich unwesentlicher Bindeglieder die Kernpunkte unseres Denkens näher aneinander zu rücken, unserem Denken mehr Mark und Leben zu geben, es gleichsam zu »verdichten«. Auf diese Weise liesse sich auch wohl der Aufbau eines philosophischen Systems ermöglichen, welches, ohne den Charakter der Apriorität und strikten Nothwendigkeit aufzugeben, doch von der durchgängigen Ineinanderkettung der Syllogismen Abstand nimmt, um die eigentlich kernhaften Gedanken zu einem gehaltvolleren Ganzen aneinanderzudrängen.

Der Dogmatismus der neueren Zeit hat nun die Eigenthümlichkeit, dass er, obwohl keineswegs auf eine blosse Reproduktion des Vernunftsystems, lediglich seiner selbst willen, ausgehend, doch an dem Principe der strengen Durchführung des syllogistischen Verfahrens festhält: es findet dieses Princip gerade bei Leibnitz eine besondere Betonung und führt schliesslich in der Wolfischen Schule zu der peinlichsten Pedanterie und einer ganz abgeschmackten Systemsucht. Die Veranlassung hierzu aber gab das Beispiel der mathematischen Methode.

Der Mathematik ist nämlich allerdings durch die eigenthümliche Beschaffenheit ihres Gegenstandes das strenge Einhalten des syllogistischen Verfahrens vorgeschrieben. Indem sie es sich zu

ihrer Aufgabe macht, die Raum- und Zahlenverhältnisse in ihrer
ganzen Mannigfaltigkeit auszuforschen, macht sie ja zwischen
diesen einzelnen Verhältnissen und somit auch zwischen den sie
zum Ausdruck bringenden Lehrsätzen nicht den geringsten
Werthunterschied; ihr liegt vielmehr gerade daran, das ganze
System dieser sich gegenseitig bedingenden Verhältnisse in
völlig adaequater Weise darzustellen. Dazu kommt, dass die
die Deduktion tragende Anschauung von so einleuchtender Klarheit ist, dass sie die Verhältnisse sogleich in der Reihenfolge,
wie sie thatsächlich von einander abhängig sind, in die Augen
springen lässt und so dem Geiste das wissenschaftliche Material
sofort nach seiner natürlichen Dependenz zuführt: Induktion
und Deduktion sind hier somit von vorneherein eng ineinander
geflochten, und die Wissenschaft selbst wächst von Anfang an
in systematischer Weise, indem sie sich von oben herab, von
Bedingung zu Bedingtem weiter schreitend, in immer weitere
Einzelheiten ·auseinanderbreitet. So ist also die streng dogmatische Methode durch ihre eigene Natur der Mathematik an die
Hand gegeben und es ist daraus der Umstand zu erklären, dass
von jeher das mathematische Verfahren für das echte Musterbild
derselben gegolten hat. Eben dieses streng dogmatische Verfahren des Mathematikers ist es denn auch, an welchem sich
die Dogmatisten der neueren Philosophie bis auf Kant hin
orientiren zu müssen glaubten: *more geometrico* das System der
Philosophie zu entwickeln, wurde das Ideal ihres wissenschaftlichen Strebens.

Man könnte sich nun freilich wohl versucht fühlen,
wenigstens auch bei Aristoteles ein solches Streben nach
mathematischer Beweisführung vorauszusetzen; indem er der
Philosophie die Aufgabe stellt, das Sein an sich mit den ihm
seiner Natur nach zukommenden Bestimmungen zu ermitteln,
legt er selber die Vermuthung nahe, dass es sich hier um eine
alle Einzelheiten ohne Ausnahme erschöpfende, systematische
Begriffsausmessung und eben deswegen auch um eine exakte Durchführung der dogmatischen Methode handeln müsse (cf. S. 19 f.).
Thatsächlich aber zeigt sein eigenes Verfahren, wie es besonders
im Buche I seiner Metaphysik zu Tage tritt, dass eine Systematisirung in jenem peinlichen Sinne des Wortes keineswegs in
seiner Absicht liegt: wenn auch der Geist sich hier bereits in
ein förmliches Netz von Begriffen verstrickt findet, so sind die
Fäden desselben doch nicht mit jener ängstlichen Pedanterie
ineinander geflochten, wie sie das Spinngewebe der Wolfischen
Metaphysik zur Schau trägt. Ueberdies bildet die blosse Begriffsverknüpfung als solche auch durchaus nicht das Ziel, bei
welchem Aristoteles Halt zu machen gedenkt; auch ihm liegt
daran, wie schon die Bezeichnung der πρώτη φιλοσοφία als

ϑεολογική andeutet, die ontologische Betrachtung auf die Erkenntniss Gottes hinauszuführen. Wenn er nichtsdestoweniger die Mathematik als Muster echter Wissenschaft betrachtet, so geschieht dies von einem ganz anderen Gesichtspunkte aus. Er findet nämlich, dass ein von allen sinnlichen Elementen gänzlich gereinigtes Denken überhaupt nicht möglich sei; in unsere Verstandesfunktionen schieben sich allemal sinnliche Eindrücke oder deren Abbilder *(εἴδωλα)* hinein und bilden eine für das Denken unentbehrliche Unterlage, so dass der aktive νοῦς ohne den passiven überhaupt nicht zu fungiren vermag und alles Denken und Erkennen sich an der Vorstellung wahrnehmbarer Formen zu vollziehen hat. Trotzdem ist der Geist doch im Stande, eine reine Vernunftwissenschaft zu erzeugen, indem ihm nämlich das Vermögen innewohnt, innerhalb des Wahrgenommenen das Begriffliche, Allgemeine unmittelbar zu erfassen, herauszuheben und zu einander in Beziehung zu setzen: es ist dies das Vermögen des abstrahirenden Denkens. So ist auch die Mathematik bei ihrer Betrachtung der reinen Formverhältnisse darauf, als auf eine *conditio sine qua non,* angewiesen, sich dieselben in sinnlichen Bildern vor Augen zu stellen; aber der wissenschaftliche Process, die Erkenntniss jener Verhältnisse, vollzieht sich lediglich in der Region des blossen Denkens, der Begriffsentwickelung, die, ohne irgend welche Elemente der Sinnlichkeit in sich aufzunehmen, von Begriffen zu Begriffen weiterschreitend eine rein begriffliche Wissenschaft konstruirt. Eben in der Mathematik bethätigt dieses abstrahirende Denken nach Aristoteles' Meinung seine höchste Kraft und eben deswegen und nur deswegen gilt ihm dieselbe als wissenschaftliches Ideal. [28]) Das mathematische Verfahren ist für Aristoteles nach Euckens Ausspruch »Vorbild als Muster der Abstraktion,« und wenn er sonst auch wohl gelegentlich sich dahin äussert, [29]) dass die nicht mit Materie beschäftigten Wissenschaften, wozu in erster Linie freilich die πρώτη φιλοσοφία gehört, eine »mathematische Genauigkeit« erreichen müssten, so fordert er damit nur eben die Ableitung ihrer Sätze ἐξ ἀληθῶν καὶ πρώτων καὶ ἀμέσων, die ihnen diese »Genauigkeit« verleiht; keineswegs aber will er die eigenthümliche Methode der Mathematiker für die Philosophie in Anspruch nehmen.

' Ganz anders verhält es sich mit dem Dogmatismus der neueren Zeit; ihm ist es, wie bereits hervorgehoben wurde, wirklich um die gänzliche Nachahmung des mathematischen Verfahrens zu thun, [30]) und eben die peinliche Konsequenz, mit welcher diese Nachahmung in der Leibnitz-Wolfischen Schule zur Durchführung kommt, giebt dem Dogmatismus derselben die ihm eigenthümliche Schärfe. Es ist wichtig, auch für diese Eigenthümlichkeit das leitende Motiv sich vor Augen zu stellen.

Ursprünglich mag allerdings das überall im 17. Jahrhundert sich regende mathematische Interesse auch dem Philosophen die Veranlassung zu dem Bestreben gegeben haben, *more geometrico* seine Lehrsätze zu demonstriren; war es doch selbst ein Mathematiker ersten Ranges, der Erfinder der analytischen Geometrie, der es in die Weltweisheit einführte. Es würde aber die Idee einer solchen Identificirung der philosophischen und mathematischen Methode gar nicht gefasst worden sein, wenn nicht in Betreff der letzteren eine Auffassung geherrscht hätte, die sich noch tief in das 18. Jahrhundert hinein erhalten und erst durch Kant als unrichtig erwiesen wurde. Es ist dies die Auffassung des mathematischen Verfahrens als eines rein begrifflichen. Man übersah nämlich den wesentlichen Umstand, dass der Mathematiker nicht allein die ersten Grundsätze, die er an die Spitze seiner Wissenschaft stellt, sondern auch die Definitionen und verknüpfenden Mittelglieder, welche die Deduktion der Lehrsätze stützen, aus der Anschauung, also aus der Erfahrung, entnimmt und die Vernunft ohne Unterstützung derselben ihre syllogistische Thätigkeit gar nicht auszuüben vermag. Die Unmittelbarkeit, mit welcher die Induktion sich hier an die Deduktion anschliesst und ihre empirischen Glieder sofort in die logische Verknüpfung eintreten lässt, verleitete dazu, in dieser logischen Denkthätigkeit den ganzen wissenschaftlichen Process aufgehen zu lassen; sie absorbirte die Aufmerksamkeit des reflektirenden Betrachters vollständig.

Schon in der von uns soeben besprochenen Aristotelischen Lehre vom abstrahirenden Denken macht sich diese Einseitigkeit der Auffassung bemerkbar; in der Philosophie der neueren Zeit, besonders bei Leibnitz und seinen Nachfolgern, tritt sie noch energischer in den Vordergrund der Methodentheorie. Für Leibnitz gelten die »nothwendigen oder ewigen Wahrheiten,« welche den Gegenstand der mathematischen Wissenschaften bilden[31]), ihrem Wesen nach für nichts Anderes, als begriffliche Möglichkeiten,[32]) die unabhängig von der Welt der Erfahrung, im Verstande Gottes selbst ihren zureichenden Grund haben[33]); sie hängen lediglich nach den (logischen) Gesetzen des Verstandes mit einander zusammen und müssen daher auch durch die blosse Denkthätigkeit desselben zu entwickeln sein. Die Axiome und Definitionen, welche diese Entwickelung möglich machen, liegen als aprioristischer Besitz in unserem Geiste: er hat sie vermittelst der Reflexion sich zum Bewusstsein zu erheben, um sodann auf dem Wege der Syllogistik das System der Wissenschaft aus ihnen herzuleiten[34]). — Auf diese Weise kommt es, dass Leibnitz das mathematische Verfahren mit dem logischen durchaus identificirt, es nur für eine »besondere Ausbildung der allgemeinen Logik« erklärt.[35]) Der Anschauung wird denn auch nur eine untergeordnete, der Methode an sich keineswegs wesentliche Rolle zugestanden; Leibnitz bemerkt ausdrücklich (338 b), »dass es nicht die Figuren sind, welche den Beweis bei den Geometern abgeben« — »die zwingende Kraft des Beweises ist unabhängig von der gezeichneten Figur, welche nur dazu dient, das Verständniss dessen, was man sagen will, zu erleichtern und die Aufmerksamkeit zu fesseln; es sind die allgemeinen Sätze, d. h. die Definitionen, die Axiome und die schon bewiesenen Lehrsätze, welche das Raisonnement ausmachen und dasselbe auch in dem Falle aufrecht erhalten würden, wo die Figur gar nicht vorhanden wäre« (cf. 381 b). Die Anschauung hat hier, im Grunde genommen, nur insofern eine relative Berechtigung, als die Beschränktheit des menschlichen Verstandes die völlige Reinheit seines Denkens trübt und immerfort sinnliche Elemente in seine abstrakten Begriffsentwickelungen einfliessen lässt; Leibnitz macht in dieser Beziehung dieselbe Bemerkung, durch welche schon Aristoteles zur Lehre vom abstrahirenden Denken hingeführt ward: er findet nämlich, »dass es niemals einen abstrakten Gedanken giebt, der nicht von irgend welchen Bildern oder materiellen Spuren begleitet sei« (180 a). Lediglich diese »Unvollkommenheit« verschafft der Anschauung auch in die mathematische Begriffsentwickelung Eingang, und so erscheint sie, statt einen specifischen Bestandtheil der Methode zu bilden, thatsächlich nur als eine ihr anheftende Mangelhaftigkeit (381 b ff.). Der eigentlich wissenschaftliche Process vollzieht sich ohne ihr Mitwirken, im blossen Denken [36]. — Hat diese Auffassung aber einmal Geltung gefunden, so muss sie auch den Schluss nach sich ziehen, dass die imponirende Sicherheit und überzeugende Evidenz, mit welcher die Mathematik ihre Lehrsätze entwickelt, ausschliesslich auf der eigenthümlichen Strenge beruht, mit der sie ihr syllogistisches Verfahren handhabt (vergl. S. 9 u. 12); die zwingende Beweiskraft der wissenschaftlichen Methode überhaupt erscheint hiernach an die peinliche Beobachtung der syllogistischen Form als an eine *conditio sine qua non* gebunden. Hieraus aber folgt dann weiter, dass auch die Philosophie das angestrebte Ziel der Nothwendigkeit und Allgemeingültigkeit ihrer Lehrsätze nur unter der Bedingung erreichen könne, dass sie die dogmatische Methode mit derselben peinlichen Konsequenz und systematischen Geschlossenheit durchführt, welcher die Mathematiker sich befleissigen; dass man das Verfahren derselben also durchweg zu kopiren habe.

Es darf uns daher in der That nicht Wunder nehmen, wenn angesichts des mächtigen Aufschwunges der mathematischen Wissenschaften die Nachahmung der »geometrischen Methode« als ein charakteristischer Grundzug des neueren Dogmatismus

überhaupt sich geltend macht und, diesem Zuge folgend, Leibnitz
die deutsche Philosophie nicht anders reformiren zu können
meint, als dass er jene Methode in sie einführt. Mathematische
Beweisführung ist für ihn überhaupt ein Ideal, welches er am
Liebsten in jeder Wissenschaft verwirklicht sähe; hat er doch
selbst seine lediglich dem praktischen Gebiete der Politik zu-
gewandte Schrift *pro eligendo rege Polonorum* in die starre
Form syllogistischer Verkettung einzwängen zu müssen geglaubt,
ein Unternehmen, dessen er sich mit besonderer Genugthuung
bewusst war. [37]) Dass ein solches mathematisches Beweisverfahren
auch ausserhalb der Mathematik realisirbar sei, findet er durch
bedeutende Beispiele aus den verschiedensten Wissensgebieten
verbürgt, [38]) und wenn nichtsdestoweniger die meisten Wissenschaften im Ganzen sich desselben noch nicht in ausgedehnterer
Weise bemächtigt haben, so liegt der Grund hiervon hauptsächlich in dem Umstande, dass ihnen, wie besonders der Medicin,
bisher die Mittel zur Sammlung des wissenschaftlichen Materiales selbst noch nicht genügend zu Gebote standen. [39]) Die
Philosophie d. h. die Metaphysik und Moral, die als Inbegriff
dieser beiden Disciplinen gelegentlich auch als natürliche
Theologie bezeichnet wird, nebst der Logik haben dieses ihr
Material, da es in Form von Axiomen und »eingeborenen Ideen«
dem Geiste ursprünglich innewohnt, bereits zur Hand; sie müssen
daher auch nach streng mathematischer Methode entwickelt
werden. [40])

Das syllogistische Verfahren wird daher für Leibnitz häufig
Gegenstand eingehender Untersuchungen, und fast immer ist es
die Mathematik, an der er sich zu orientiren sucht. Man erkennt
dabei sehr wohl das Bestreben, dieses Verfahren auf eine möglichst
einfache Gestalt zu reduciren; aber eben weil die Mathematik
ihm ein für alle Mal als Ideal vor Augen steht, geht er niemals
dazu über, die weitere Frage in Angriff zu nehmen — ob nicht
vielleicht die dort durch die eigenthümliche Beschaffenheit des
Gegenstandes vorgeschriebene Form der Beweisführung für den
Philosophen immer noch überflüssige Umständlichkeiten enthalte,
die eine fernere Vereinfachung wünschenswerth machen könnten.
Die Nachahmung der Mathematiker bleibt für ihn ein unum-
stössliches Princip. Es entgeht ihm keineswegs, dass der ausge-
bildete Verstand im Allgemeinen bei seinen Schlussfolgerungen
nicht an die starre Form des Syllogismus gebunden ist, gleichwie
der geübte Rechner nicht mehr nach der Weise der Kinder und
Bauern mit den Fingern zu zählen braucht; er erklärt selbst,
»dass die gelehrten Leute, zumal, wenn sie vor Jedermann
schreiben, besser thun, wenig *Terminus scholae* zu gebrauchen«;
sonst sei es, »als wenn ein Schneider die Näthe sehen lässt«.
Aber es führt eine solche freiere Denkbewegung doch auch immer

mehr oder weniger die Gefahr mit sich, auf Irrwege abzuführen, und so erscheint es ihm gerade für die Philosophie rathsam, »dass man sich an solche Bauernrechnung und Kinderlogik halte«. Besonders »in theologischen Streitsachen, so Gottes Wesen und Willen, auch unsere Seele betreffend«, thut man wohl, »wenn man Alles mit grossem Fleiss auflöset und auf die allereinfältigsten und handgreiflichsten Schlüsse bringt«.[41])

Auch für die Axiome, soweit sie nicht »identische Wahrheiten« sind, wie die Sätze der Identität und des Widerspruchs,[42]) verlangt Leibnitz noch wieder eine syllogistische Ableitung. Allerdings soll der Philosoph mit dieser Ableitung nicht etwa die Bearbeitung seiner Wissenschaft beginnen; sie soll vielmehr erst den Abschluss des Systemes bilden. Auch in dieser Beziehung ist das Beispiel der Mathematik für unsern Dogmatiker massgebend. Er bemerkt nämlich mehrfach, dass auch diese Wissenschaft ihre systematische Vollendung nicht erreicht habe, indem sie eine Anzahl thatsächlich wieder auf einfachere Principien reducirbarer Axiome noch nicht bewiesen, sondern sie sofort mit Rücksicht auf ihre einleuchtende Evidenz und ihre Unentbehrlichkeit für die weitere Beweisführung als richtig in Cours gesetzt habe; zugleich erkennt er aber auch die Zweckmässigkeit dieses Verfahrens an: Hätte man erst die durchgängige Beweisführung jener an sich ja schon immerhin genugsam überzeugenden Sätze abwarten wollen, würde man vielleicht auch heute noch keine Geometrie haben.[43]) In derselben Weise soll auch die Philosophie zuerst von der Ableitung ihrer, den identischen Sätzen nahe stehenden und daher an und für sich schon einleuchtenden Axiome absehen, um überhaupt erst in das Innere ihres Gegenstandes einmal eindringen zu können. Aber gleichwie das Bestreben jener Mathematiker, welche hinterher auch die bisher noch unbewiesenen Axiome zu beweisen suchen, durchaus der Idee einer systematischen Wissenschaft entspricht, so ist es auch dem Philosophen principiell geboten, seine Arbeit nicht eher als vollendet zu betrachten, als bis ihm auch die Ableitung der letzten, überhaupt beweisbaren Sätze gelungen ist. In diesem Sinne bezeichnet es Leibnitz sogar als eine seiner »grossen Maximen«, »dass es gut ist, die Demonstration der Axiome selber zu suchen.«[44])

Nun haben freilich auch schon die Scholastiker des streng syllogistischen Beweisverfahrens sich bedient und dabei sogar noch eine peinlichere Genauigkeit beobachtet, als selbst die Mathematiker (s. bes. 395 a), ohne doch zu einem klaren und überzeugenden wissenschaftlichen Systeme gelangt zu sein; aber der Fehler liegt hier nicht etwa in dem Princip der Methode selbst, sondern nur in der mangelhaften Handhabung desselben. Zu einer sicheren und evidenten Beweisführung gehört nämlich nicht allein die logische Form der Schlussketten, sondern auch die Klarheit der in die Syllogismen eintretenden Begriffe, und eben hieran haben es die Scholastiker fehlen lassen. Die hauptsächlichste Ursache der in der Metaphysik bisher bemerkten »Finsterniss« liegt in dem Umstande, dass »die allgemeinen Begriffe und die, welche am meisten für Allen bekannt gelten« — »zweideutig und dunkel gemacht worden sind«. »An diesem einen Fehler nämlich haben die Scholastiker gelitten, dass, während sie meistentheils ordentlich genug und so zu sagen mathematisch raisonnirten, sie den Gebrauch der Worte ungewiss liessen. So sind statt einer einzigen Definition viele, statt einer unerschütterlichen Demonstration viele zweideutige Spitzfindigkeiten entstanden«. [45]) Was daher Leibnitz zugleich mit der zwingenden Form der Syllogistik für die Philosophie in Anspruch nimmt, ist die Aufstellung klarer und sicherer Definitionen. Aus solchen klaren und sicheren Definitionen mit Hülfe einleuchtender Vernunftprincipien *more geometrico* die ewigen, nothwendigen Wahrheiten der Vernunft zu entwickeln — das ist die Aufgabe, welche er der Philosophie gestellt hat.

Wenn nun Leibnitz an Descartes mehrfach tadelnd hervorhebt, dass derselbe das Princip der mathematischen Beweisführung für die Philosophie allerdings theoretisch aufgestellt, aber es selbst nicht praktisch durchgeführt habe,[46]) so trifft ihn im Grunde derselbe Vorwurf. Denn wenn auch aus der Sammlung seiner philosophischen Schriften hier und da ein *specimen demonstrandi* uns entgegentritt, welches seine Beweise streng syllogistisch entwickelt (z. B. 94—97 cf. 47), so sind dies doch nur eben vereinzelte Versuche, die gar nicht einmal in die eigentlich schöpferische Periode, in die Zeit der Ausbildung seines grossartigen Systemes fallen. Die unsterblichen Gedanken des *Système nouveau*, der *Nouveaux essays*, der Theodicee und Monadologie sind — und gewiss nicht zu ihrem Nachtheile — nicht in die Form mathematischer Demonstration gefasst; er selbst bezeichnet die Konception der prästabilirten Harmonie fast durchweg als Hypothese, die allerdings vermöge ihrer Fähigkeit, alle bisher noch unbegriffenen Erscheinungen auf die einfachste und einleuchtendste Weise zu erklären, für ihn einen so hohen Grad von »Möglichkeit« besitzt, dass er sogar einmal erklärt, er wage sie als »bewiesen« zu bezeichnen.[47]) Er hat daher aber auch keineswegs seine Arbeit als vollendet angesehen. Nicht nur, dass er die Erklärung macht, er halte alle wichtigen Einzelheiten seines Systemes für beweisbar (348 b), sondern er spricht auch die Hoffnung aus, dass er selbst noch einmal die Beweisführung liefern und so seine theoretischen Principien auch praktisch bethätigen könne. (350 a.)

Christian Wolf und seine Schule hat sich bekanntlich

das zweifelhafte Verdienst erworben, den Plan des Meisters wirklich zur Ausführung gebracht zu haben. Hatte doch der Erstere seinem eigenen Geständnisse nach die Mathematik nur *methodi gratia* studirt, weil er von Anfang an das Bestreben hatte, den Wissenschaften der Theologie und Philosophie durch Uebertragung dieser Methode die Evidenz und Sicherheit Euklidischer Lehrsätze zu verleihen.[48] In der Vorrede zur ersten Auflage seiner »Vernünfftigen Gedanken von Gott etc.« hebt er es denn auch mit besonderer Befriedigung hervor, wie eifrig er danach getrachtet, dass hier »alle Wahrheiten miteinander zusammenhiengen, und das gantze Werk einer Ketten gleich wäre, da immer ein Glied an dem andern und solchergestalt ein jedes mit allen zusammenhänget« vergl. ebendaselbst § 2 und § 342. Desgleichen ist er nicht wenig stolz auf seine Definitionen. In derselben Vorrede macht er ganz besonders darauf aufmerksam, wie er »für allen Dingen dahin getrachtet, dass ich von keinem Dinge reden möchte, davon ich nicht einen deutlichen Begriff vorgebracht hätte.« Es ist nun allerdings ja eine klare und deutliche Begriffsbestimmung ein Ziel, das jede Wissenschaft anzustreben hat. Bei Wolf und seinen Nachfolgern aber artet dieses Bestreben in eine Definirsucht aus, die sie selbst das Klarste noch wieder klar zu machen treibt und so zu den albernsten Plattheiten führt. Mit einem besonderen Behagen sieht man sie bemüht, die »Näthe« ihrer Gedankenverknüpfung für jedes Auge blosszulegen. Die Durchführung des methodologischen Principes lässt sie sogar die Rücksicht auf den kernigen Gegenstand ihrer Arbeit selbst ganz in den Hintergrund drängen, und um so recht augenfällig zu zeigen, dass ihre Gedankenkette auch nicht den kleinsten und unscheinbarsten Ring vermissen lässt, heben sie die unbedeutendsten Glieder nicht selten mit einem Nachdrucke hervor, vor dem das eigentlich Wesentliche unverhältnissmässig zurücktritt. So muss unter dem Zwange der todten Form der lebendige Geist der Wissenschaft selbst verkümmern. Baumgarten treibt diesen Formenkultus bis zu einem solchen Grade der Aeusserlichkeit, dass er sogar die Paragraphen seiner Metaphysik symmetrisch auf die einzelnen Abschnitte derselben vertheilt: von den 1000 Paragraphen kommen auf Theil 1+2 und auf Theil 3+4 genau je 500; Theil 3 enthält 300, Theil 4 200 Paragraphen, und das erste Kapitel des ersten Theiles zählt deren gerade 100! Das müssen in der That seltsame Gedanken sein, die sich so rubrikenmässig einschachteln lassen!

Es darf uns hiernach allerdings nun nicht Wunder nehmen, dass die Wolfianer auch die Forderung Leibnitzens, noch die Axiome wiederum so weit als möglich zu beweisen, wirklich zu realisiren sich bemühen. Aber auch hier muss unter dem

Drucke des Principes die Sache selber leiden. Hatte nämlich
Leibnitz den Satz vom zureichenden Grunde in richtiger Würdigung seiner Ursprünglichkeit dem Satz vom Widerspruche
ebenbürtig und selbstständig an die Seite gestellt, eine aprio-
ristische Deduktion desselben abgewiesen, so sehen wir Wolf
in seiner Metaphysik an das Unternehmen gehen, ihn aus dem
Satz vom Widerspruche zu beweisen, ein Schritt, den ihm
Baumgarten in blindem Vertrauen nachgethan hat.[49]) Damit
ist nun allerdings das ganze System der Vernunftwissenschaft
an ein letztes Grundprincip angehängt, und der Dogmatismus hat
sein äusserstes Extrem erreicht.

Bringt nun aber in dieser Nachahmung des mathematischen Beweisverfahrens die Leibnitz-Wolfische Schule nur eine
Tendenz zum Ausdruck, die einen gemeinsamen Charakterzug
des neueren Dogmatismus überhaupt bildet, so haben wir nunmehr einer Auffassung näher zu treten, welche ihrer Methodenlehre durchaus eigenthümlich ist, und zwar entwickelt sich dieselbe unmittelbar aus der Leibnitzischen Metaphysik. Es kenn-
zeichnet überhaupt den dogmatistischen Charakter der Philosophie Leibnitzens und seiner Nachfolger noch besonders, dass
ihre Metaphysik, statt auf der Basis einer vorher abgeschlossenen
Erkenntnisstheorie sich zu erheben, vielmehr umgekehrt für die
Ausbildung einer solchen die bedingende Voraussetzung wird.[50])

Nach der von Leibnitz begründeten Weltanschauung ist
nämlich die Seele mit einer Vorstellungskraft ausgerüstet, vermöge deren sie in jedem Momente mit einer Unzahl von Vorstellungen erfüllt ist, die gemäss einer prästabilirten Harmonie
genau den jeweiligen Zustand aller Welttheilchen und ihrer
gegenseitigen Beziehungen, kurz, das ganze Universum darstellen,
so dass sie selbst als ein »beständiger, lebender Spiegel des
Universums« anzusehen ist. Ihre Erkenntniss würde sonach
eigentlich das ganze Sein umfassen und durchdringen, und zwar
nicht erst im Laufe einer allmähligen Entwickelung, sondern
stände bereits fertig da, die ganze Gegenwart, Vergangenheit
und Zukunft in einem einzigen, intuitiven Akt begreifend —
gleich der Erkenntniss des *esprit universel*, der göttlichen
Urmonas selbst. Thatsächlich aber wird sie sehr bedeutend
durch den Umstand eingeschränkt, dass nur ein verhältnisss-
mässig ganz geringer Theil von Vorstellungen der Seele zum
Bewusstsein gelangt und auch hiervon wiederum die meisten nur
verworren und dunkel vor ihr stehen.[51]) Diese Verworrenheit
und Dunkelheit der Vorstellungen aber besteht darin, dass sie
ihren Gegenstand nicht nach allen seinen einzelnen Elementen
uns zum Bewusstsein bringen. Die ganze Welt der Wirklichkeit ist nämlich im Grunde nichts Anderes, als ein Universal-
plenum unendlich vieler, einfacher Substanzen oder Monaden.

Diese aber sind ihrem eigentlichen Wesen nach letzte, untheilbare Einheiten, die, vermöge eines vom Schöpfer ursprünglich in sie hineingelegten, ewig sprudelnden Quells lebendiger Kraft, in rastloser Agilität das Weltall durchwandern. Von ihrer körperlichen Seite betrachet sind sie nichts als theillose, »metaphysische Punkte«, die, ausdehnungslos, weder im Raume sind, noch irgend welche andern Eigenschaften besitzen, als eine in der Undurchdringlichkeit sich äussernde, passive Widerstandskraft, die ἀντιτυπία[52]) Aus solchen letzten untheilbaren Krafteinheiten sind alle körperlichen Gegenstände zusammengesetzt. — Vermöge der ihr innewohnenden Vorstellungskraft spiegelt nun die Seele allerdings alle diese einzelnen Monaden in sich wieder: sie trägt auf diese Weise eine der Gesammtsumme jener Elemente entsprechende Unzahl von Einzelvorstellungen oder primitiven Begriffen in sich. Aber vor dem Bewusstsein treten diese letzten Elementarbegriffe nicht auseinander; sie laufen hier in Vorstellungskomplexe zusammen, deren einzelne Bestandtheile wir nicht zu unterscheiden vermögen und die daher vor unserem Bewustsein als einfache Vorstellungen sich darstellen, während sie in Wahrheit noch eine Unzahl von Einzelvorstellungen in sich begreifen. Solche Vorstellungskomplexe sind die sinnlichen Wahrnehmungen, die uns eine durch Raum und Zeit sich ausspannende Welt von leuchtenden, tönenden Gegenständen spiegeln. Aber diese Welt ist eben desshalb nur phänomenal; sie ist nicht gleich jener wirklichen Welt der *materia prima*, die nichts weiter ist, als die Summe der an sich eigenschaftslosen Kraftpunkte. Sie ist nur ein in der originalen Beschränkheit unseres Vorstellungsvermögens begründeter Schein, der, weil diese Beschränktheit allen, wenigstens menschlichen, Seelen naturgemäss zukommt, auch für alle Menschen einen konstanten Charakter zeigt, ein *phaenomenon bene fundatum* (745 b). Die sinnlichen Wahrnehmungen sind ja nichts Anderes, als Begriffe, deren Merkmale wir nur nicht von einander zu unterscheiden vermögen, und die desshalb als »verworrene« Vorstellungen angesehen werden müssen. Die ganze Sinnlichkeit ist hiernach nur die unterste Stufe unseres Vorstellungsvermögens, welche uns die Wirklichkeit nur unvollkommen erkennen lässt; die wahre Erkenntniss hat sich über sie zu erheben, indem sie die Merkmale der verworenen Begriffe zu unterscheiden und diese selbst dadurch zu deutlichen Begriffen zu machen sucht. Ein vollständig der Wirklichkeit entsprechendes Weltbild würden wir nur dann gewinnen, wenn es uns gelänge, unsere Begriffe bis auf die letzten sie zusammensetzenden *notiones primitivae* aufzulösen und so den letzten Rest der Sinnlichkeit abzustreifen: unsere Erkenntniss wäre dann adaequat und intuitiv; sie wäre vollkommen. Aber dieses Ziel ist dem beschränkten Geiste nicht erreichbar; »Gott allein hat den Vortheil, nur intuitive Erkenntnisse zu besitzen.« (400ff.[53]). Die Konsequenzen einer solchen Lehre sind leicht abzuleiten. Zunächst ist es klar, dass die eigenthümliche Auffassung, nach welcher Sinnlichkeit und Verstand nur graduell verschiedene Aeusserungen eines und desselben Grundvermögens, der *vis repraesentativa* der Seele sind, so dass die Sinnlichkeit als die unterste Stufe desselben anzusehen ist, den erkenntnisstheoretischen Werth derselben bedeutend herabsetzen musste; einer Wissenschaft, die, wie die Philosophie, den Gipfelpunkt aller Erkenntniss zu erreichen strebt, muss schon aus diesem Grunde von vorneherein daran gelegen sein, sich von dem Boden sinnlicher Wahrnehmung loszureissen, um ganz und gar in der erhabeneren und reineren Region des blossen Denkens sich entfalten zu können. Wenn daher Leibnitz Cartesius wegen der Wiedereinführung des Platonischen Studiums lobt, da er den Geist dadurch von den Sinnen abzöge *(abducendo mentem sensibus,* 122a), so haben wir darin nur eine natürliche Konsequenz dieser Auffassung zu erblicken. Nichtsdestoweniger sehen wir doch in der Leibnitzischen Methodenlehre der sinnlichen Wahrnehmung und mit ihr der Erfahrung eine weit wichtigere Stellung eingeräumt, als wir ursprünglich erwarten sollten: während er nämlich auf der einen Seite für die Mathematik und Philosophie als echter Dogmatist alle sinnliche Erkenntniss thatsächlich abweist,[54]) ist er andrerseits hinsichtlich der den stofflichen Gehalt der Natur betrachtenden Wissenschaften durchaus Empiriker. Es hängt dies unmittelbar mit einer anderen Eigenthümlichkeit seiner Erkenntnisstheorie zusammen, die sich ebenfalls direkt aus den oben dargestellten metaphysischen Grundgedanken herleitet und auf deren Hervorhebung es uns hier besonders ankommen muss. Wir wollen daher sogleich an die Ableitung derselben gehen und dabei jenen ersten Punkt an geeigneter Stelle zur Betrachtung mit herbeiziehen.

Nach Leibnitzens metaphysischer Lehre trägt, wie wir sahen, die Seele bereits das ganze Weltbild in sich, wenn auch der grösste Theil desselben vom Lichte des Bewusstseins gar nicht oder doch nur schwach und unbestimmt erhellt wird. Die Vorstellungen also, welche in die lichtere Region dieses Bewusstseins, in den Bereich der »Apperception« emporsteigen, sind, wenngleich für uns selbst noch verworren, doch insofern immerhin die genauen Repräsentanten ihres Gegenstandes, als sie bereits die ganze Summe der denselben zusammensetzenden Elemente in einer entsprechenden Anzahl von Primitivbegriffen ursprünglich und von Anfang an in sich fassen. Wenn daher auch unsere Begriffe meistentheils nicht deutlich sind, weil wir die sie konstituirenden Merkmale nicht einzeln zu erkennen und von einander zu unterscheiden vermögen, so sind doch nichtsdestoweniger bereits alle diese Merkmale in ihnen enthalten: die Begriffe entstehen sonach nicht erst, wie die neuere Erkenntnisstheorie sonst mit Locke lehrt, ganz allmählig aus der Zusammensetzung einfacher Elementarvorstellungen d. i. auf synthetischem Wege, sondern sind im Geiste bereits mit dem ganzen Umfange ihrer Merkmale fertig vorhanden.

Hieraus ergiebt sich nun eine wesentlich verschiedene Auffassung des wissenschaftlichen Problems. Während nämlich noch Locke die Aufgabe der Wissenschaften in einer progressiven Synthese von immer neu in der Erfahrung aufzufindenden Merkmalen besteht, um so den Begriff des bezüglichen Forschungsobjektes allmählig immer inhaltreicher zu gestalten, handelt es sich bei Leibnitz, für den dieser Begriff mit seinem ganzen, ihm zukommenden Inhalte bereits fertig dasteht, lediglich darum, dieses Inhaltes sich mit zunehmender Klarheit und Bestimmtheit bewusst zu werden: es handelt sich hier um eine Analyse des Begriffs. Es fragt sich aber weiter, auf welchem Wege diese Analyse zu bewerkstelligen ist. Hier stellt nun Leibnitz ein Princip auf, welches für seine ganze Methodenlehre von fundamentaler Bedeutung ist und die Abweichung derselben von derjenigen John Locke's wesentlich bestimmt. In seinen Auseinandersetzungen mit dem Letzteren hebt er mehrfach hervor, dass derselbe den wichtigen Unterschied übersehen habe, der zwischen den nothwendigen oder ewigen Wahrheiten einerseits und den thatsächlichen oder zufälligen Wahrheiten andererseits obwalte; er selbst nennt die ersteren auch Vernunftwahrheiten *(verités de raison* oder *de raisonnement)* und die letzteren Erfahrungswahrheiten *(verités d'expérience)* [55]. Für diese beiden Klassen von Wahrheiten giebt es nämlich zwei wesentlich verschiedene Arten der wissenschaftlichen Analyse, deren Gegensatz schon durch die zuletzt hervorgehobenen Bezeichnungen deutlich angezeigt wird: die ersteren sind hiernach Vernunftwahrheiten, weil sie lediglich durch die Analyse der Vernunft gefunden werden, während die letzteren, als Erfahrungswahrheiten, sich auf Beobachtung und Induktion stützen.

Die thatsächlichen Wahrheiten *(verités de fait)* sind nämlich diejenigen, welche sich auf die Beschaffenheit und das gegenseitige Verhältniss der besonderen Gegenstände der wirklichen Welt beziehen; diese Welt der Wirklichkeit aber mit dem ganzen Inhalte ihrer Einzelerscheinungen existirt nicht gemäss einer logischen Nothwendigkeit, sondern auf Grund eines schöpferischen Willensaktes Gottes, der aus der Zahl einer ganzen Unendlichkeit seinem Geiste vorschwebender, möglicher Welten eben dieser einen die Wirklichkeit verlieh. Es ist daher keineswegs nothwendig, dass dieser oder jener Gegenstand aus diesen oder jenen Zusammensetzungen besteht und mit andern Gegenständen in dem oder dem besonderen Verhältnisse sich befindet; alle diese Bestimmungen sind, weil lediglich vom Willen Gottes abhängig, zufällig; es wäre kein Widerspruch, wenn die Welt ganz andere Erscheinungen in ganz anderen Verhältnissen zeigte. Daher sind auch die, jene thatsächlichen Bestimmungen zum Ausdruck bringenden Wahrheiten nur zufällig, *vérités contingentes*. Die Vernunft kann sie daher aus sich allein, d. h. lediglich nach den ihr innewohnenden reinen Denkgesetzen nicht entwickeln. Wenn also auch der Begriff irgend eines wirklichen Gegenstandes bereits alle ihm zukommenden Bestimmungen als Merkmale in sich enthält, so können wir sie doch aus ihm nicht auf bloss logischem Wege herausholen, sondern müssen, um sie uns überhaupt zum Bewusstsein zu bringen, sie durch Beobachtung und Zergliederung der Thatsachen einzeln in der Erfahrung aufsuchen. Zwar sind alle diese einzelnen Thatsachen durch ein ewiges, ausnahmsloses Gesetz mit einander verbunden, nach welchem jede derselben den Grund ihres Daseins in der Gesammtsumme ihrer Antecedentien hat; es ist dies das Gesetz vom zureichenden Grunde *(rationis sufficientis)* (254a. 708 § 36 ff. u. ö.) Aber auch dieses setzt uns nicht in den Stand, die Erscheinungen *a priori* zu deduciren. Denn auch die, eine Erscheinung bestimmenden Antecedentien würden wiederum eine Deduktion aus ihrem zureichenden Grunde erforderlich machen und somit ein *regressus* bis auf die letzten Gründe alles Seins erheischt werden d. h. bis auf die den Willen Gottes zur Erschaffung dieser Welt mit allen ihren Einzelheiten bestimmenden Beweggründe selbst. (716, 708). Nun lässt sich allerdings durch die Metaphysik nachweisen, dass Gott, vermöge seiner vollkommenen Güte und Weisheit auch durch die besten und weisesten Gründe dazu bestimmt gewesen sein muss, gerade diese unsere Welt aus der unendlichen Zahl möglicher Welten in die Wirklichkeit zu erheben: er muss sie um deswillen geschaffen haben, weil sie den höchsten Grad der Vollkommenheit darstellt. Die Schöpfung dient also einem Zwecke, nämlich dem, die höchste Vollkommenheit zu verwirklichen, und die einzelnen Möglichkeiten sind nur aus dem Grunde in die Sphäre der Existenz hineingezogen, weil sie vor allen andern zur Erreichung dieses Zweckes dienlich sind. Somit liegt also der zureichende Grund für die Wirklichkeit dieses ganzen Universalmechanismus und seiner einzelnen Theile in der eigenen Vollkommenheit und Zweckmässigkeit desselben begründet, und eine bis auf die letzte Ursache zurückgehende Deduktion der *vérités de fait* müsste daher teleologisch verfahren. Aber wir können die Zweckmässigkeit derselben nur unvollkommen beurtheilen, weil nur ein ganz geringer Theil des Universums unserer Einsicht sich uns darbietet und wir daher die grosse Harmonie nicht verstehen, in welcher alle einzelnen Elemente desselben zusammenklingen, um die Idee der höchsten Vollkommenheit zum Ausdruck zu bringen: sie vernimmt nur der schöpferische Universalgeist selbst in ihrer ganzen Reinheit. Daher sind wir für die Erkenntniss der wirklichen Welt auf die Erfahrung angewiesen; die Naturwissenschaft hat die Gründe der einzelnen Erscheinungen nicht teleologisch, sondern mechanisch zu erklären, indem sie die Verbindungen *(liaisons)* derselben mit anderen Erscheinungen beobachtet und aus dieser Beobachtung Gesetze abstrahirt, die, weil sie induktiv sind, niemals eine strikte Allgemeinheit erreichen können.[56])

Hinsichtlich der thatsächlichen Wahrheiten sehen, wir also Leibnitz, trotz seines wesentlich verschiedenen Ausgangspunktes, schliesslich doch mit Locke auf demselben methodologischen Standpunkte stehen. Eine ganz andere Wendung aber nimmt seine Erkenntnisstheorie in Betreff der von ihm sogenannten Vernunftwahrheiten.

Diese Wahrheiten beziehen sich nämlich gar nicht speciell auf die besonderen Gegenstände dieser wirklichen Welt und sind daher auch durchaus nicht von dem Dasein derselben abhängig. Gleichwie die Lehrsätze der Geometrie ihre Wahrheit auch in dem Falle behalten würden, »wo die Figur gar nicht vorhanden wäre,« so sind alle ewigen Vernunftsätze überhaupt von der Gebundenheit an die empirische Wirklichkeitssphäre frei. Sie haben ihren Grund nicht in der nach Zwecken geleiteten Willkür Gottes, sondern in der Natur seines ewigen Verstandes, in welchem sie nach streng logischen Gesetzen miteinander verknüpft sind. Auch sie bestehen letztlich aus *notiones primitivae;* aber es sind dies nicht die Repräsentanten einfacher Weltelemente, sondern dem göttlichen Verstande seinem Wesen nach ursprünglich und nothwendig innewohnende, begriffliche Allgemeinheiten, wesshalb sie Leibnitz sogar als »Attribute Gottes« bezeichnet (80 b, 137 a). Diese *notiones primitivae* verbinden sich unter einander mit so strikter Nothwendigkeit, dass andere Verbindungen gar nicht gedacht werden können, und die zusammengesetzten Verbindungen wiederum ergeben sich aus den einfacheren so, dass eine andere Kombination dem Inhalte dieser selbst widersprechen würde. Der Satz vom Widerspruche ist somit das grosse Allgemeinprincip, nach welchem die Vernunftwahrheiten im Verstande Gottes selbst zusammenhängen.

Diese, den Gegenstand der Mathematik und Philosophie

bildenden, ewigen Wahrheiten sind nun auch dem menschlichen Verstande ursprünglich eingeboren und werden daher unabhängig von der Sinnlichkeit, aus dem Verstande selber abgeleitet. *La preuve originaire des vérités nécessaires vient du seul entendement* (209 b, cf. 209 a, 210 a). Die Methode aber, die hier zur Anwendung kommt, ist die lediglich an der Hand des Satzes vom Widerspruche syllogistisch weiterschreitende Begriffsanalyse. Gleichwie nämlich die empirischen Begriffe vor unserem Bewusstsein nicht in ihre Elemente auseinander treten, so hat die Vernunft auch die ihr eingeborenen ewigen *notiones primitivae* keineswegs gegenwärtig. Vielmehr erfasst sie zuerst die zusammengesetzteren Ideen, ohne die sie konstituirenden, einfacheren und einfachsten Begriffe zu unterscheiden. Solche zusammengesetzten Ideen sind z. B. die von Raum, Zeit und Bewegung, sowie der Gottesbegriff (230 f, 306 b; 275 b). Da nun aber, wie wir schon hervorhoben, in diesen Ideen bereits alle konstituirenden Merkmale bis herab zu den *notiones primitivae* enthalten sind und als Ideen der Vernunft nach bloss logischen Gesetzen, vornehmlich nach dem Satze vom Widerspruche, mit einander und mit der sie einschliessenden, obersten, zusammengesetzten Idee verknüpft sind, so lassen sie sich auch aus dieser letzteren an der Hand des Satzes vom Widerspruche syllogistisch ableiten. Es kommt nur erst darauf an, die zusammengesetzte Idee, die hier als Princip der Deduktion anzusehen ist, durch eine klare und deutliche Definition in ihre nächsten Merkmale auseinander zu legen, um sodann auch diese wieder aufzulösen und so in der begrifflichen Zergliederung so lange fortzufahren, bis man an die letzten Urbegriffe kommt, die wegen ihrer primitiven Einfachheit keiner Definition und keines Beweises mehr fähig sind. Auf diese Weise ergeben sich die dem Begriffe des Raumes, der Zeit und Gott zukommenden Merkmale durch blosse Analyse des Begriffes selber, mit ihnen aber die auf sie bezüglichen Vernunftwahrheiten und so also auch die entsprechenden Vernunftwissenschaften selber. In diesem Sinne erklärt denn Leibnitz auch, dass die ganze Arithmetik und Geometrie in uns sind *d'une manière virtuelle* (208 a cf. 218 a).

Diese Wissenschaften sind somit an sich nichts Anderes, als blosse Begriffssysteme, deren innere Wahrheit von der Wirklichkeit ganz unabhängig ist. Ihre Wahrheit besteht lediglich in ihrer Möglichkeit, d. h. in der widerspruchslosen Verknüpfung aller ihrer einzelnen Sätze miteinander. Selbst der wissenschaftliche Beweis vom Dasein Gottes, der also doch direkt auf ein ausserhalb des rein Begrifflichen befindliches Sein sich bezieht, hat sich lediglich auf den, die Sphäre des abstrakten Denkens nicht überschreitenden, Nachweis zu beschränken, dass der Gottesbegriff keine widersprechenden Merkmale enthalte: ist er in diesem logischen Sinne möglich, so ist auch damit die Wirklichkeit seines Gegenstandes bewiesen, da, wie Leibnitz in Uebereinstimmung mit Anselm von Canterbury und Cartesius den Begriff der Existenz mit dem der Vollkommenheit nothwendig verknüpfen zu müssen meint.[59] — Nichtsdestoweniger haben alle diese ewigen Wahrheiten neben ihrer ursprünglichen idealen Bedeutung auch eine reale, insofern als Gott, der ja nicht bloss in seinem Verstande diese Wahrheiten denkt, sondern auch die Welt der Wirklichkeit geschaffen, die Verhältnisse der letzteren mit ihnen in Einklang gebracht hat, so dass die empirischen Gesetze des Universums in jenen Vernunftwahrheiten ihre regulativen Principien besitzen. (379 b f.) Diese ganze Wirklichkeitssphäre ist aus diesem Grunde den Gesetzen der Mathematik, Metaphysik und Logik unterworfen.[59a] Man kann diese daher allerdings auch in der Erfahrung *a posteriori* bestätigt finden; aber ein Beweis für sie ist auf diesem Wege nicht möglich: *Les sens peuvent insinuer, justifier et confirmer ces vérités, mais non pas en démontrer la certitude immanquable et perpétuelle* (209 b). Wie die zufälligen Wahrheiten ihre Quelle in der Erfahrung haben, so sind die Vernunftwahrheiten auch allein auf dem Wege des Raisonnements, der begrifflichen Analyse, zu entwickeln — das ist die scharfe Grenzlinie, welche Leibnitz zwischen den Naturwissenschaften einerseits und den mathematischen und philosophischen Wissenschaften andrerseits gezogen und die ihn zum Dogmatisten und Empiristen zugleich macht.

Ungefähr, wenn schon lange nicht mit derselben Schärfe und Klarheit, bewegt sich auch die Methodenlehre Wolfs und seiner Schule auf der von der Leibnitzischen Metaphysik vorgezogenen Linie. Allerdings eifert er in seiner Selbstbiographie gegen Bülfinger, dass er seine Philosophie die Leibnitz-Wolfische genannt, und ist auch sonst darauf bedacht, seine Originalität Leibnitz gegenüber geltend zu machen[60]; thatsächlich verhält es sich aber doch so, wie schon Gessner in seiner Isagoge (II, 112) behauptet hat: »Er sammelte Alles, was er bei Leibnitz finden konnte — aber er selbst erfand nichts Neues.« Seine Erkenntnisstheorie ist jedenfalls durchaus von Leibnitz abhängig, und zwar fusst sie hauptsächlich auf derjenigen seiner Schriften, die wir gerade zur Charakterisirung des eigenthüm-. lich. analytischen Grundgedankens seiner Methodenlehre besonders hervorhoben, der *meditatio de cognitione etc.* (s. Anm. 53, 57 ff.) Er selbst bezeichnet sie in der Vorrede zu den »vernünfftigen Gedanken von den Kräfften des menschlichen Verstandes« als seinen Hauptlehrmeister. Freilich nennt er daneben auch Leibnitzens Antipoden, John Locke, und die Einflüsse desselben auf die Ausbildung seiner Erkenntnisslehre sind gewiss nicht unbedeutend gewesen; ja, man wird sagen können, dass diese Erkenntnisslehre, soweit sie überhaupt empiristisch gefärbt ist, fast ausschliesslich auf englische Einwirkung, unmittelbar oder mittelbar, zurückzuführen ist, da die *Nouveaux essays*, in welchen Leibnitz seine Erfahrungstheorie hauptsächlich entwickelt, Wolf nicht bekannt sein konnten. Aber er ist bei aller energischen Betonung des Erfahrungsprincipes im Grunde eigentlich doch nur insoweit Empirist, als es sich um die Naturerkenntniss handelt: als Philosoph steht er, der Hauptsache nach, ganz auf dem dogmatistischen Boden der Leibnitzischen Begriffsanalyse. Schon die an die Spitze seiner Logik gestellte Definition der Weltweisheit als einer »Wissenschaft aller möglichen Dinge, wie und warum sie möglich sind«, zeigt, dass er dieselbe ganz, wie Leibnitz, in die von aller Beziehung auf die wirklichen Gegenstände absehende Sphäre rein begrifflicher Allgemeinheiten hinein versetzt. Die reine, d. i. von aller Erfahrung unabhängige Vernunft ist auch für ihn das hehre Organ, mit Hülfe dessen der Weltweise seine Erkenntniss zu entwickeln hat; denn die Sinnlichkeit hat auch in seiner Theorie die untergeordnete Stellung angewiesen erhalten, zu der sie Leibnitz verurtheilt hatte. Allerdings ist dabei nicht zu übersehen, dass Wolf dieselbe als die nothwendige Durchgangsstufe für alle und jede Begriffsbildung betrachtet und daher mit Locke auch diejenigen Ideen aus der Erfahrungsquelle ableitet, deren Apriorität Leibnitz in seinen *Nouveaux essays* so eifrig zu retten suchte; damit acceptirt er aber noch keineswegs die Lehre von der allmähligen Synthesis der Begriffe, sondern hält vielmehr mit Leibnitz daran fest, dass dem Geiste seine Vorstellungen schon mit dem Gesammtinhalte seiner Merkmale entgegentreten: wenn sie daher auch allemal erst aus der Erfahrung gezogen werden, so bedarf doch die Vernunft für ihre weitere Entwickelung der letzteren nicht mehr: ist es ihr erst einmal gelungen, sie in klare und deutliche Definitionen aufzulösen, so kann sie mit Hülfe des Satzes vom Widerspruche aus denselben alles Andere herleiten, ohne dabei auf Erfahrungssätze zurückgehen zu müssen; sie verfährt hiebei als »lautere« Vernunft. In der Mathematik und Philosophie bewährt sie diese ihre Eigenschaft; in den Definitionen, welche sie hier an die Spitze ihrer Deduktionen stellt, ist bereits die ganze Wissenschaft *in nuce* enthalten.

Am schärfsten findet sich der Gedanke des analytischen Begriffsverfahrens übrigens bei einem späteren Wolfianer ausgedrückt. Moses Mendelssohn nämlich spricht sich im ersten Abschnitte seiner Abhandlung über die Evidenz folgendermassen aus: »In der That, da die Geometrie nichts mehr zu Grunde legt, als den abgesonderten Begriff von Ausdehnung, und aus dieser einzigen Quelle alle ihre Folgen herleitet und zwar der-

gestalt herleitet, dass man deutlich erkennet, Alles, was in derselben behauptet wird, sei durch den Satz des Widerspruchs
nothwendig mit dem urbaren Begriff der Ausdehnung verknüpft,
so ist kein Zweifel, dass in dem Begriff von der Ausdehnung alle geometrischen Wahrheiten eingewickelt
anzutreffen sein müssen, die uns die Geometrie daraus
entwickeln lehret. Denn was können die tiefsinnigsten
Schlüsse anders thun, als einen Begriff zergliedern und
dasjenige deutlich machen, was dunkel war? Was in dem
Begriffe nicht anzutreffen ist, das können sie nicht
hineinbringen, das lässt sich auch, wie leicht zu begreifen,
durch den Satz des Widerspruchs nicht davon herleiten.« Aus
diesem Grunde erklärt er sich denn auch, wie in eingeschränk-
terer Weise bereits Leibnitz es gethan (137b, 208a u. 209a),
für die Platonische Lehre von der ἀνάμνησις, die »in der
Sprache der neueren Weltweisen« nichts Anderes bedeute, als:
»durch das Lernen kommen keine neuen Begriffe in die Seele,
die vorhin nicht darin gewesen sein sollten«; denn die Schlüsse
können »das Dunkle deutlich machen und das Einge-
wickelte aufwickeln, aber schlechterdings der Seele nichts
Neues beibringen.«[63])

Wir haben hiermit nun die Charakteristik der ersten,
wesentlich auf die Handhabung der philosophischen Methode
bezüglichen Seite des Dogmatismus (vergl. S. 13) erschöpft.
Im Allgemeinen fanden wir ihre Eigenthümlichkeit in der Voraussetzung der Möglichkeit eines von aller Erfahrung unabhängigen dogmatischen Verfahrens, die sich letztlich auf die
Annahme des Vorhandenseins eines, unserer Vernunft ursprünglich zukommenden, Inventars reiner Begriffe und Grundsätze
a priori stützen muss; wir haben dann als einen besonderen Zug
des neueren Dogmatismus das Princip entwickelt, in der Durchführung des dogmatischen Verfahrens sich streng an die Methode
der Mathematiker anzuschliessen, und haben dieses Princip gerade
bei der uns vornehmlich interessirenden Leibnitz-Wolfischen
Schule zum prägnantesten Ausdruck kommen sehen. Endlich
ist uns die eigenthümlich analytische Methodenlehre entgegen
getreten, welche dem Dogmatismus jener Schule noch ein besonderes, originelles Gepräge verleiht. — Es darf nun aber nicht
vergessen werden, dass die gegebene Entwickelung sich vornehmlich auf die Theorie der Methode bezog. Allerdings bemühen sich ja die Dogmatisten, ihre methodischen Principien
auch praktisch durchzuführen, wie wir dies z. B. an den Wolfia-
nern in Betreff der mathematischen Beweisführung bemerkt
haben; aber im Grunde scheitern alle diese Versuche an der
Thatsache, dass ihre Theorie selbst dem wirklichen Sachverhalte
widerspricht. Vom Kantischen Standpunkte aus, auf dem wir

uns wenigstens insofern befinden, als wir der wahrhaft »klassischen Lehre« beistimmen, dass nur synthetische Urtheile unsere Erkenntniss erweitern und diese allemal sich auf Erfahrung — sie sei nun in der empirischen oder in der reinen Anschauung dargeboten — stützen müssen —- von diesem Standpunkte aus erscheint die Theorie eines lediglich begrifflich und noch dazu analytisch weiterschreitenden Deduktionsverfahrens uns von vorneherein als im Principe verfehlt, und dürften wir daher schon *a priori* zu der Erwartung berechtigt sein, den Dogmatisten in der Praxis selbst mit seiner eigenen Theorie in Kollision gerathen zu sehen. Diese Erwartung erweist sich denn auch in der That als richtig. Wir hatten schon einmal Gelegenheit, auf die Widersprüche aufmerksam zu machen, in welche die Wolfianer und besonders Mendelssohn ihre Theorie der mathematischen Methode verwickelten (s. Anm. 36); die Art und Weise, wie Leibnitz und seine Nachfolger ihre philosophischen Systeme faktisch aufbauten, lässt solche Widersprüche noch auffallender zu Tage treten. Ein Blick auf die Entwickelung, die Leibnitz in seinem *système nouveau* und der Monadologie von seinem Lehrgebäude giebt, genügt, um zu erkennen, dass er hier — ganz abgesehen von dem Fehlen einer strikten mathematischen Deduktion, über das wir uns bereits ausgesprochen — die Idee einer reinen Vernunftwissenschaft keineswegs zur Verwirklichung gebracht hat. Gewinnt er doch den für sein System so fundamentalen Begriff der Monade, soweit seine Bedeutung als geistige Substanz in Betracht kommt, vornehmlich aus der Wahrnehmung der Einheit des Selbstbewusstseins, welche Wahrnehmung wir um so mehr als empirische Erkenntniss geltend zu machen berechtigt sind, als Leibnitz selbst den Satz *j'existe* als *vérité de fait* bezeichnet hat.[64]) Bei Wolf tritt der Widerspruch zwischen Theorie und Praxis noch empfindlicher zum Vorschein. Er selbst gelangt zu der Einsicht, dass die Idee einer reinen Vernunftphilosophie thatsächlich nicht realisirbar sei: unser Verstand ist, wie er bemerkt, niemals ganz rein und unsere Vernunft, »sonderlich in der Erkenntniss der Natur und unser selbst,« nicht immer lauter, d. h. sie kann nicht wissenschaftlich operiren »ohne einige Sätze aus der Erfahrung anzunehmen«. (Vern. Ged. v. Gott etc., § 285, § 382.) Er sieht sich daher in seiner Metaphysik auch wirklich zu dem Schritte gezwungen, der reinen Seelenlehre einen empirischen Theil voraufzusenden, um hier die Prämissen für die Deduktion der sogenannten »rationalen« Erkenntniss aus der Erfahrung abzuschöpfen, wie es denn überhaupt richtig ist, dass eine grosse Anzahl als Vernunftwahrheiten bei ihm auftretender Sätze sich bei näherer Betrachtung als Erfahrungen entpuppen.[65]) —

Wir haben uns nunmehr der zweiten, wesentlichen Eigen-thümlichkeit des Dogmatismus zuzuwenden, deren Behandlung schon durch den Umstand bedeutend vereinfacht wird, dass sie von den Dogmatikern des Alterthums wie der Neuzeit in gleicher Weise getheilt wird; wir haben uns hier also nur auf eine allgemeine Charakteristik zu beschränken.

Diese zweite Hauptseite des Dogmatismus bildet nämlich die weitere Voraussetzung, dass die dogmatische Methode in der Philosophie nicht nur überhaupt möglich sei, sondern dass ihr hier auch ein völlig unbegrenztes Feld offen stehe. Es handelt sich hier also um das Objekt, dessen die reine Begriffsphilosophie vermittelst ihrer dogmatischen Methode sich zu bemächtigen strebt, während im Vorigen nur erst die Möglich-keit und Durchführbarkeit dieser Methode selbst in Betracht gezogen wurde.

Vom Alterthum bis auf die Gegenwart ist der eigentliche Gegenstand aller Philosophie ein doppelter gewesen: nämlich die Principien unseres Thuns und Lassens einerseits und die wesentlichen Bestimmungen des Seins andrerseits. Insofern sie jene zu erfassen sucht, will die Philosophie nicht eine Erkenntniss geben von dem, was da ist, sondern von dem, was sein soll; sie ist in diesem Falle also nicht theoretische, sondern praktische Philosophie, in welcher Eigenschaft sie bekanntlich auch als Ethik, Moralphilosophie oder Sitten-lehre bezeichnet wird. Dagegen ist der mit den wesentlichen Bestimmungen des Seins sich beschäftigende Theil, in welchem es sich gerade und lediglich handelt um die Erkenntniss dessen, was da ist, die theoretische Philosophie. — Insofern es sich nun allein um die Möglichkeit einer reinen Philosophie handelt, setzt der Dogmatismus das Vorhandensein zweierlei Arten von Begriffen und Grundsätzen voraus: erstlich eine Anzahl reiner moralischer Begriffe und Sätze *a priori,* durch deren systematische Verknüpfung eine reine Moralphilosophie verwirklicht wird, und zweitens bestimmte reine, auf das Sein bezügliche d. i. ontologische Begriffe und Grundsätze *a priori,* welche die Ableitung einer reinen theoretischen Philosophie ermöglichen. Insofern nun beide Wissenschaften auf reinen Vernunftprincipien beruhen, könnten wir sie mit Kant zusammen durch den Namen »Metaphysik« bezeichnen; doch werden wir der Unterscheidung halber diese Bezeichnung im Folgenden auf die reine theoretische Philosophie beschränken. Die erste, von uns bereits beleuchtete, Seite des Dogmatismus ist hiernach, kurz gesagt, die Voraussetzung der Möglichkeit einer Metaphysik und reinen Sittenlehre. Wenn nun aber als zweite Eigenthümlichkeit desselben die weitere Voraussetzung bezeichnet ward, dass der dogmatischen Methode und damit auch der, auf ihrer Anwendbarkeit beruhenden, reinen Philosophie ein unbegrenztes Feld offen stehe, so gilt dies im Besonderen für den theoretischen Theil derselben, die Metaphysik. Sie ist es ja auch, die so recht eigentlich in dem rastlos in's Unendliche strebenden Erkenntnisstriebe des Menschen wurzelt und auf eine fortschreitende Erweiterung der Erkenntniss abzielt, während es sich in der Sittenlehre nicht sowohl um Entdeckung neuer Wahrheiten handelt, als um die Klarlegung und einheitliche Verknüpfung solcher Sätze, die wir längst im alltäglichen Leben mit mehr oder weniger Aufmerksamkeit und Bewusstsein bei unserm Thun und Lassen zur Anwendung bringen. Diese Sätze aber sind nur in beschränkter Anzahl vorhanden, und die auf ihre Feststellung ausgehende Wissenschaft wird somit durch die natürlichen Schranken ihres Gegenstandes selber abgegrenzt, wogegen das unermessliche Sein der auf seine Erkenntniss ausgehenden Metaphysik solche Grenzen nicht vorschreibt. So kommt es, dass der dogmatistische Metaphysiker, dem die einzig mögliche Grenzbestimmung durch die Kritik des Erkenntnissvermögens noch fremd ist, auch für seine Wissenschaft gar keine Schranken vorhanden wähnt und mit derselben das gesammte Sein ohne Einschränkung umfassen zu können meint.

Es fällt uns nun die Aufgabe zu, auch diese Voraussetzung bis auf ihre Wurzeln zurückzuverfolgen.

Dieselbe wächst nämlich aus dem naiven Glauben hervor, dass das wahre Sein, auf dessen Erkenntniss der menschliche Wissensdrang sich richtet, ein von unserem Bewusstsein ganz unabhängiges d. i. absolutes Sein sei. Es zerfällt dasselbe aber gleichsam in zwei besondere Sphären: die eine umfasst die sinnlichen Gegenstände; diese bieten sich unserer Wahrnehmung dar und werden vermittelst derselben in unser Bewusstsein und unser Vorstellungsvermögen eingeführt. Sie sind somit Gegenstände der Erfahrung, und ihre Wirklichkeit ist, wenn schon von dieser Erfahrung unabhängig, doch immerhin, weil für dieselbe erreichbar, auch zugleich empirisch. Aber nicht alles Sein liegt im Bereiche der Erfahrung: es giebt auch Gegenstände, welche niemals dem empirischen Bewusstsein sich darbieten, weil sie gar nichts den Sinnen Wahrnehmbares an sich haben; ihr Sein ist nicht nur ein absolutes, sondern zugleich

auch ein übersinnliches, transcendentes Sein. Die Meinung
des Dogmatisten geht nun dahin, dass er nichtsdestoweniger
auch zur Erkenntniss dieses transcendenten Seins, wenigstens
seinen allgemeinen Bestimmungen nach, zu gelangen vermöge,
und zwar mit Hülfe des reinen Vernunftorgans; er setzt in der
Vernunft die Befähigung voraus, sich über die Grenzen der
Erfahrung hinaus in das Reich des Uebersinnlichen emporzuheben.
Diese Voraussetzung aber hängt eng mit einer anderen zusammen,
auf welche der Dogmatismus naturgemäss hingewiesen wird,
ohne dass er sie auf ihre erkenntnisstheoretischen Gründe
zurückzuführen unternähme.

Ihrer dogmatistischen Idee als reiner Vernunftwissenschaft
gemäss bewegt sich die Metaphysik lediglich in der Region des
blossen Denkens; sie entwickelt ihr System nothwendiger Wahrheiten, ohne auf die empirischen Gegenstände der Wirklichkeit
Bezug zu nehmen. Nichtsdestoweniger soll dieses System doch
mehr sein, als ein bloss in sich selbst übereinstimmendes,
logisch mögliches, Gedankengebäude: man sieht in ihm ein
System von objektiver Realität d. h. man glaubt in ihm
ein getreues Abbild der Principien zu haben, welche die ausserhalb
des Denkens existirende Welt der Gegenstände beherrschen.
Die Metaphysik ist nach Aristoteles eine Wissenschaft nicht
des blossen Seinsbegriffs, sondern des Seins, der Wirklichkeit
selbst. Und wenn Leibnitz die Wahrheit der Vernunftsätze
lediglich nach ihrer inneren, logischen Möglichkeit bestimmt,
so ist er doch keineswegs geneigt, ihre objektive Bedeutung
damit aufzugeben; ihre Uebereinstimmung mit der Wirklichkeit
kann nur deswegen ihre Richtigkeit nicht darthun, weil sie
sich immer nur an Einzelerfahrungen, an Beispielen, zeigt, die,
wie hoch auch ihre Zahl sich belaufen mag, doch niemals eine
durchgängige, ausnahmslose Kongruenz zu verbürgen vermögen.
Nichtsdestoweniger nimmt Leibnitz eine solche Kongruenz an:
die Vernunftwahrheiten enthalten für ihn zugleich »den bestimmenden Vernunftgrund und das regulative Princip der
Existenzen selbst und, in einem Worte, die Gesetze des
Universums« (380a). Es wäre nun hier die Frage zu beantworten
gewesen, die Kant in seinem inhaltsschweren Briefe an Herz
vom Jahre 1772 zum ersten Male in ihrer weittragenden
Bedeutung hinstellt — die Frage nämlich, was uns zu jener
Annahme berechtige, dass die Gegenstände der Wirklichkeit
sich jenen Gesetzen unterwerfen, da wir sie doch gänzlich unabhängig von der Betrachtung der Wirklichkeit, allein aus unserer
Vernunft hervorgeholt haben. Worauf dürfen wir den Glauben
an jene Kongruenz zwischen reinem Denken und empirischer
Wirklichkeit stützen? Man kann allerdings nicht sagen, dass
der Dogmatismus diese Frage ganz übergangen habe: Spinoza

sowohl als auch Leibnitz sehen sich vor sie hingedrängt.
Aber — und das ist die Hauptsache! — sie beantworten sie
nicht auf Grund einer kritischen Untersuchung des Vernunft-
vermögens selbst, sondern durch eine metaphysische Spekulation.⁶⁶)
Eben deswegen aber, weil sie, statt in das eigenthümliche Wesen
der Vernunft und des Seins selbst zergliedernd einzudringen,
nur eine spekulative Operation mit den allgemeinen Begriffen
davon anstellen, entgeht ihnen das solidarische Verhältniss,
welches die Vernunft mit der besonderen Sphäre des empirischen
Seins verknüpft und zugleich auf dieselbe beschränkt. Indem
sie daher ganz allgemein die Kongruenz von Denken und Sein
ableiten, hält Nichts sie davon ab, dieselbe auf das gesammte
Sein überhaupt, ohne Unterschied seiner empirischen und transcendenten Seite, auszudehnen. Die reine Vernunft ist ja ihrer
Natur nach gerade gänzlich unabhängig von aller Erfahrung;
sie kann daher, so scheint es, auch in ihrem Weiterschreiten
nicht durch den Umstand aufgehalten werden, dass gewisse
Gegenstände der Erfahrung unzugänglich sind. Vielmehr liegt
der Gedanke nahe, das gesammte Sein auch als Eins (τὸ ὄν=τὸ ἕν
bei Aristoteles) d. h. als ein durch dieselben Principien
durchgängig bestimmtes, einheitliches Ganze aufzufassen und
den Unterschied seiner beiden besonderen Sphären nur allein
darin zu setzen, dass die eine mit Sinnlichkeit behaftet und
daher ausser den ontologischen Principien auch noch den besonderen,
nur auf empirischem Wege erkennbaren Gesetzen dieser letzteren
unterworfen ist, während die transcendente Sphäre, von aller
Sinnlichkeit und deren Bestimmungen frei, nur durch die in der
reinen Vernunft sich wiederspiegelnden Principien des absoluten
Seins bestimmt wird.

Nach der Voraussetzung des Dogmatismus ist daher in
der That eine Philosophie möglich, welche auf Grund ihres
dogmatischen Verfahrens die Erkenntniss der wesentlichen Seins-
bestimmungen gewährt und zwar nicht blos des Seins, sofern
es unserm empirischen Bewusstsein sich darstellt, sondern des
ganzen Umfangs des absoluten Seins überhaupt. Die Metaphysik,
insofern sie sich mit der Ableitung dieser, alles Sein gleichmässig
und durchgängig bestimmenden Principien beschäftigt, d. h. die
Ontologie, erscheint von diesem Gesichtspunkte aus als
Wissenschaft der absoluten Welterkenntniss. So hat
die πρώτη φιλοσοφία des Aristoteles — die ursprünglich nichts
Anderes ist, als Ontologie — zu betrachten τὸ ὄν ᾗ ὄν καὶ τὰ
ὑπάρχοντα αὐτῷ καθ'αὑτό, und nach Wolfs Definition ist die
Aufgabe derselben, zu untersuchen, »was allen Dingen überhaupt zukommet und worinnen der allgemeine Unterschied
derselben anzutreffen« (Vern. Ged. v. d. Kräfften etc. Vorbericht § 14).

Ist nun dieser Standpunkt aber einmal eingenommen, so wird der weitere Schritt nahe gelegt, den eigentlichen Schwerpunkt der Metaphysik in die besondere Betrachtung des übersinnlichen Seins und seiner Gegenstände zu verlegen, Denn da dieses nicht, wie das empirische Sein, auch der Erfahrung offen steht, sondern allein durch reines Denken erreicht werden kann, so liegt schon darin für die, dieses Organ als ihr eigentliches Werkzeug handhabende Metaphysik ein hinreichender Beweggrund, die transcendente Sphäre als ein ihrer Thätigkeit noch besonders anheim gestelltes Gebiet zu betrachten und zu behandeln. Es wird dies aber durch den Umstand noch näher gelegt, dass die Vernunft gerade diejenigen Gegenstände, welche das »metaphysische Interesse« von jeher am Meisten auf sich gezogen, wie Gott, Freiheit, Unsterblichkeit, da sie in der sinnlichen Welt nicht anzutreffen sind, in jenes transcendente Feld versetzen muss. Hieraus ergiebt sich denn für sie naturgemäss die Aufforderung, von der alles Sein in gleicher Weise, seinen allgemeinen Bestimmungen nach, behandelnden Ontologie sich emporzuheben zur besonderen Betrachtung jener transcendenten Gegenstände, d. h. von der Ontologie fortzuschreiten zu einer transcendenten Metaphysik, worunter wir die dogmatisch verfahrende Wissenschaft des Uebersinnlichen verstehen. Es wird sich in derselben zuerst darum handeln müssen, die Begriffe übersinnlicher Gegenstände *a priori* zu gewinnen, um sodann durch Subsumtion ihrer Definitionen unter die allgemeinen Principien der Ontologie die auf sie bezüglichen, besonderen Wahrheiten zu deduciren. Die transcendente Metaphysik ruht somit auf der Basis der allgemeinen Ontologie, welche daher in diesem Sinne auch von Wolf als »Grundwissenschaft« bezeichnet wird. Wie schon gesagt, läuft auch die Aristotelische πρώτη φιλοσοφία schliesslich in eine Wissenschaft der Gotteserkenntniss, in eine rationale Theologie aus und erhält so eine transcendente Spitze. (Vergl. S. 22 f.) Für Wolf bilden Gott und die Seele, sofern sie frei und unsterblich ist, die vornehmsten Gegenstände der Philosophie, und die auf sie gerichteten Wissenschaften der Geisterlehre und natürlichen Gottesgelahrtheit machen nach seiner Darstellung, zusammen mit der Grundwissenschaft oder Ontologie, die Hauptwissenschaft oder Metaphysik aus. (S. d. P. 44 angeführte Stelle cf. auch Aristoteles, *de anima*, *Λ*, 1 (403 b, 16) u. *Γ*. 5 (430 a, 17).

Es ist hier nun der Ort, noch einmal auf die Erörterungen zurückzukommen, welche wir S. 39 f. an die thatsächliche Durchführbarkeit der dogmatistischen Principien knüpften. Gerade nämlich in den soeben entwickelten transcendenten Specialdisciplinen der Metaphysik kommt der Widerspruch der Praxis mit der Theorie am augenfälligsten zum Vorschein. Die Ontologie operirt nur mit den allgemeinsten Seinsbegriffen überhaupt, ohne auf irgend welche besonderen Gegenstände des Seins Bezug zu nehmen; sie erstrebt nur die logische Verknüpfung von Begriffen, die eben ihrer Allgemeinheit wegen wenigstens den Eindruck machen, als seien sie von keiner besonderen Wahrnehmung *a posteriori* abgezogen, und den ihnen so von Natur anhaftenden Schein der Apriorität — ob derselbe trügt oder nicht, ist hier nicht zu untersuchen — auch auf die Wissenschaft selbst überleiten. Anders aber verhält es sich mit denjenigen Disciplinen, die den Begriff eines besonderen Gegenstandes zu Grunde legen. Gegen die Apriorität solcher Begriffe ist man von vorneherein misstrauisch zu sein berechtigt. Was zuerst den Begriff der Seele anbetrifft, so möchte allerdings die Definition desselben als einer *substantia cogitans*, wie Descartes sie nahe legt, anfänglich für ihn das Vorurtheil erwecken, als konstituire er sich aus rein aprioristischen Merkmalen; aber eine nähere Betrachtung ergiebt doch nur zu bald, dass — abgesehen von dem ja auch für Kant als *a priori* geltenden Substanzbegriff — das *cogitans* nichts weiter ist, als der Inbegriff der geistigen Thätigkeit, welche wir durch eigene Beobachtung, also empirisch, kennen lernen.[68]) Der Begriff der Seele erhält also seinen Inhalt einzig und allein durch Erfahrung, und die sogenannte rationale Seelenlehre kann im Grunde nichts weiter thun, als diese Erfahrungselemente vermittelst allgemeiner ontologischer Principien bearbeiten. Freilich unternimmt sie dabei immer noch, mit Hülfe dieser Begriffe sich über die Erfahrung zu erheben und für die Seele Eigenschaften zu erschliessen, von denen die empirische Psychologie keine Kenntniss giebt, wie die Unsterblichkeit; aber diese Schlüsse wachsen doch allemal direkt oder indirekt aus dem Boden der Erfahrung hervor und damit erweist sich die Idee einer reinen Psychologie als nichtig.[69]) Wie wir schon sahen, bezieht sich daher Wolfs Bemerkung, dass unsere Vernunft nicht immer »lauter« sei, insbesondere auf die Erkenntniss unserer selbst. Mit dem Gottesbegriff und seiner metaphysischen Entwickelung verhält es sich nicht viel anders. Allerdings ist die Definition Gottes als des »unbewegten Bewegers« oder des *ens perfectissimum*, da sie sich aus durchaus allgemeinen Begriffen zusammensetzt, schon eher dazu geeignet, den Eindruck zu machen, als habe man es hier wirklich mit einem reinen Vernunftbegriffe zu thun, wie ja denn Leibnitz in der That den Gottesbegriff zu den eingeborenen Ideen rechnet (206 b cf. 373 a). Aber sobald man demselben einen reicheren Inhalt zu verschaffen sucht, so sieht man sich genöthigt, von der »reinen Vernunft« wieder zur Erfahrung herabzusteigen: die göttlichen Eigenschaften, welche Descartes, Leibnitz und die Wolfianer scheinbar auf so rationalem Wege erschliessen, ergeben sich bei näherer

Betrachtung als die empirisch erkannten Eigenschaften des menschlichen Gemüthes, nur zur Höhe der Vollkommenheit gesteigert. Und der Beweis, durch den man von jeher am Liebsten alle diese Eigenschaften als göttlich darzuthun suchte, nämlich der teleologische, wächst ganz und gar aus dem Boden der Erfahrung hervor, indem nicht allein die Begriffe dieser Eigenschaften selbst erst aus der Erfahrung abgeschöpft sein müssen, sondern auch die Güte und Zweckmässigkeit der Welteinrichtung, auf deren Voraussetzung die objektive Realität derselben gestützt werden soll, doch nur auf empirischem Wege uns bekannt werden können. Und doch nimmt Leibnitz keinen Anstand, diesen Beweis in das System seiner *verités de raison* aufzunehmen; ja er rühmt sich sogar, ihm, der bisher nur eine »moralische Gewissheit« zu besitzen schien, durch seine Lehre von der prästabilirten Harmonie »eine durchaus metaphysiche Gewissheit« verliehen zu haben. [70]) Es darf aber andrerseits nicht übersehen werden, dass wenigstens in dem bekannten Anselm'schen Beweise, den auch Leibnitz unter einer bestimmten Bedingung (S. 36 f. uns. Abh.) hochschätzt und den Mendelssohn dieser Bedingung gemäss thatsächlich ausführt, (s. Anm. 59). auch die transcendente Metaphysik das Beispiel eines aus der Sphäre des abstrakten Denkens nicht heraustretenden Raisonnements darbietet.

Wenn nun so aber auch thatsächlich die Dogmatiker ihr Princip einer reinen Vernunftwissenschaft im Allgemeinen nicht durchzuführen vermochten, so verliert es damit doch noch keineswegs seine methodologische Bedeutung. Es ist und bleibt doch immer die regulative Idee, welche man wenigstens so gut wie möglich zu realisiren suchte. Ein Werk aber, das, wie die Kantische Kritik der Vernunft, die methodologische Frage in ihren Wurzeln zu packen und das dogmatistische Princip auf seine Berechtigung hin zu prüfen unternahm, konnte sich nicht auf die vielartigen Versuche beziehen, dieses Princip zur Durchführung zu bringen, sondern musste sich dasselbe in seiner ausgeprägten theoretischen Fassung vor Augen stellen, und eben deswegen haben wir uns die Charakteristik des Dogmatismus gerade nach dieser Seite hin besonders angelegen sein lassen.

Es erübrigt uns nur noch, die Hauptpunkte unserer Darstellung des dogmatistischen Principes, am Schlusse dieses Kapitels kurz zusammen zu stellen.

Das Wesen des Dogmatismus besteht darin, dass er, ohne sich auf eine kritische Untersuchung unseres Erkenntnissvermögens einzulassen, in Betreff desselben schlechtweg eine doppelte Voraussetzung macht. Er hält dasselbe nämlich erstlich ohne Weiteres für befähigt, auf streng dogmatischem Wege, ohne Beihülfe der Induktion, ein reines Vernunftsystem der Metaphysik und Moral aufzuführen, und meint zweitens, dass es in der ersteren nicht allein eine absolute Erkenntniss des empirischen, sondern auch des übersinnlichen Seins zu erzielen im Stande sei, infolge dessen er denn auch in die Betrachtung dieser letzteren den eigentlichen Schwerpunkt der theoretischen Philosophie hinein zu verlegen geneigt ist. —

Die Möglichkeit einer reinen Begriffsphilosophie aber — sie sei nun praktische oder theoretische Wissenschaft — beruht auf der Anwendbarkeit des dogmatischen Verfahrens d. h. der streng aprioristischen Ableitung aus reinen Vernunftprincipien: die Voraussetzung der Möglichkeit einer so verfahrenden Wissenschaft ist somit im Grunde eine Voraussetzung der Anwendbarkeit des Verfahrens selbst, also eine methodologische Voraussetzung. Auch die weitere Annahme, dass die Metaphysik sich auch der Principien der übersinnlichen Welt zu bemächtigen im Stande sei, ist eigentlich methodologisch: sie ist nämlich nichts Anderes, als die Voraussetzung einer unbeschränkten Anwendbarkeit jenes dogmatischen Verfahrens. Die eigentliche Existenzfrage des Dogmatismus betrifft demnach die Möglichkeit und die Grenzen der dogmatischen Methode.

Die letzte Bedingung aber für die Möglichkeit dieser Methode ist das Vorhandensein gewisser reiner Vernunftbegriffe und Grundsätze *a priori;* sowie die Kongruenz derselben mit den obersten Bestimmungen eines von unserm Bewusstsein unabhängigen, absoluten Seins, sowohl in seinen sinnlichen als auch in seinen übersinnlichen Beziehungen, die nothwendige Grundbedingung für die unbegrenzte Anwendbarkeit jenes Verfahrens bildet. Die schlechtweg gemachte Voraussetzung der Wirklichkeit beider Bedingungen macht somit die eigentliche Grundwurzel des Dogmatismus im Allgemeinen aus.

An dem Dogmatismus der Leibnitz-Wolfianer hatten wir dann aber in Betreff der ersten Eigenthümlichkeit noch einige Besonderheiten bemerkt: wir sahen erstlich, dass das den Dogmatismus der neueren Zeit überhaupt charakterisirende Bestreben, die streng syllogistische Methode der Mathematiker zu imitiren, in Leibnitz und hauptsächlich in Wolf und seiner Schule zum prägnantesten Ausdruck gelangt; zweitens aber fanden wir als eine durchaus originelle Eigenthümlichkeit derselben die aus ihrer Metaphysik sich herleitende Theorie der Begriffsanalyse. Es sind dies zwei Punkte, durch welche die kritische Polemik Kants noch in besonderer Weise herausgefordert worden ist.

Zweites Kapitel.

David Hume's Skepticismus.

Wenn wir diese Philosophie als Skepticismus bezeichnen, so geschieht dies im Anschluss an die Benennungen, welche Hume selber ihr beigelegt hat. In seiner »Untersuchung in Betreff des menschlichen Verstandes«, die wir der nachstehenden Darlegung zu Grunde legen,[71]) nennt er sie die »akademische oder skeptische Philososhie«, oder er bezeichnet sie auch als einen »milderen Skepticismus«. Wir sind deswegen aber keineswegs geneigt, ihr jenen blos negativen, zerstörenden Charakter beizulegen, wie er dem Skepticismus im Allgemeinen sonst eigen ist. Riehl, der in seinem mehrfach erwähnten, vortrefflichen Buche über den philosophischen Kriticismus Hume's Philosophie ein besonders eingehendes Kapitel gewidmet hat, bemerkt richtig: »Man verkennt ihr Princip, wenn man sie, wie gewöhnlich, schlechtweg als Skepsis oder Skepticismus auffasst. Das Princip Hume's ist die Positivität des Denkens, der Skepticismus nur das methodische Mittel, dieses Princip zu erweisen.« (S. 64). Und in der That liegt es auch, wie schon die seinem Skepticismus zur Unterscheidung von jenem »übertriebenen« Standpunkte des »Pyrrhonismus«[72]) beigelegte Bezeichnung des »milderen« andeutet, durchaus nicht in Hume's Absicht, die Stützen echter Wissenschaft abzubrechen oder auch nur die Philosophie überhaupt aus dem Umkreise derselben auszuschliessen. Vielmehr befürwortet er selber auf das Wärmste jene »strenge Philosophie«, die an der Hand besonnener Beobachtung und klarer Begriffsbestimmung in die Tiefen des Geisteslebens einzudringen sucht; ja, er spricht die Hoffnung aus, dass es dieser Wissenschaft, der er selbst eigenthümlicher Weise[73]) den

Namen »Metaphysik« beilegt, bei der nöthigen Vorsicht und
Selbstbeschränkung dereinst gelingen werde, in Betreff »der
Kräfte und Einrichtungen der Seele« ähnliche Resultate zu erzielen, wie sie die Astronomie für die Erkenntniss der Planeten-
bahnen bereits gewonnen hat, und seine eigene Untersuchung
bewegt sich auf eben diesem Gebiete, wenn auch mit der von
ihm selbst geforderten Besonnenheit und Zurückhaltung, so
doch auch zugleich mit einer Sicherheit und einem Forschungs-
vertrauen, die nur aus der Ueberzeugung herfliessen können,
dass hier ein Stück echter, festgefügter Wissenschaft bearbeitet
werde. Man darf mit Recht behaupten, dass der ganze Endzweck der »Untersuchung« darauf ausgehe, diese echte, strenge
Metaphysik wissenschaftlich zu begründen; der hierbei ein-
genommene Standpunkt des Skepticismus ist nur ein Durchgangspunkt, um sicher zu diesem Ziele hinzuführen, und
dient daher trotz seines negativen, polemischen Gewandes, in
welchem er nach aussen hin sich geltend macht, im Grunde
dennoch einer positiven Endabsicht. Hume will eine Philosophie als Erfahrungswissenschaft begründen. Hierfür
erscheint es ihm aber nothwendig, zuerst den Beweis zu erbringen,
dass die begrifflichen Spekulationen, in welche man bisher den
Schwerpunkt der Philosophie gelegt hatte, unbegründet und
nichtig seien, und so ergiebt sich für ihn als die nächstliegende
Aufgabe, diese spekulative Philosophie aus ihren Angeln zu
heben. Sein direktes Ziel ist daher allerdings das rein negative,
mit Hülfe und zu Gunsten der »wahren Metaphysik«, die
»unwahre und verfälschte« d. h. für Hume die begrifflich verfahrende und besonders die transcendente Metaphysik »zu
zerstören«; »die Grundlagen dieser dunklen Philosophie, welche
bisher nur dem Aberglauben als Schutz und dem Unsinn und
Irrthum als Deckmantel gedient hat«, will er erschüttern, und
es geschieht in dem vollen Bewusstsein, diesen Zweck erreicht
zu haben, wenn er am Schlusse seiner Abhandlung die gesammte spekulative Philosophie zum Flammentode verurtheilt.
(S. Unters. Abth. I.) —

Schon hieraus ergiebt sich nun, dass auch für diese skep-
tische oder akademische Philosophie der dominirende Gesichts-
punkt methodologischer Natur sein muss: ihr eigenthümliches
Wesen besteht nämlich. kurz gesagt, in der Negirung der
Möglichkeit des begrifflichen Verfahrens für die
Philosophie. Sie tritt damit in direkten Gegensatz zu den
Voraussetzungen des Dogmatismus; ihr nächster Zweck ist eben
»die Abwehr und Widerlegung« desselben. (Vergl. Riehl, l.c. 151.)

Dieser polemische Charakter drängt nun aber dem Humeschen Skepticismus eine Eigenschaft auf, die dem Dogmatismus
naturgemäss abging, und durch welche er befähigt wird, zugleich

als ein Durchgangspunkt zum Kantischen Kriticismus zu
gelten. Der Dogmatismus gründet sich, wie wir sahen, auf
blosse Voraussetzungen: indem Hume ihn zu stürzen sucht,
kann er ihm nicht andere Voraussetzungen gegenüber stellen;
sondern er sieht sich genöthigt, gegen die ihn stützenden
Annahmen schlagende Gründe anzuführen und zwar diese Gründe
aus einer sorgfältigen Untersuchung unseres Erkenntnissvermögens hervorzuholen. Seine skeptische Philosophie wird somit
nothwendiger Weise kritisch, und diese Eigenschaft fügt sie
einer stetigen Entwickelungsreihe ein, die mit Locke's »Versuch über den menschlichen Verstand« beginnend, zu Kant
hinläuft, um hier »zu einem gewissen Abschluss gebracht« zu
werden, und neuerdings von diesem einstweiligen Haltepunkte
wieder vorwärts zu streben beginnt, um die feste Linie zu
bilden, an welche sich die Weiterbildung unserer philosophischen
Wissenschaft anzusetzen hat: Hume's Skepticismus bildet
einen wichtigen Durchgangspunkt für die Entwickelung der
kritischen Philosophie.[74])

Es wird also hier unsere Aufgabe sein müssen, die
kritischen Gründe zu entwickeln, auf welche Hume seinen
Skepticismus d. i. die Negirung der Möglichkeit einer Vernunftphilosophie zu stützen sucht. Es sei dabei gleich anfangs
bemerkt, dass die, unsere Darstellung leitende, »Untersuchung«
sich im Wesentlichen auf die theoretische oder spekulative
Philosophie beschränkt und die Moral nur gelegentlich berührt;
es handelt sich um die Möglichkeit, mit Hülfe des begrifflichen
Verfahrens unsere Erkenntniss zu erweitern: giebt es Erkenntniss von Thatsachen aus blossen Begriffen? — das ist
die Frage, deren Beantwortung Hume sich zu seiner Aufgabe[75]) macht? —

Wie greift er nun diese Aufgabe an?

Um hierfür das richtige Verständniss zu gewinnen, muss
man den wichtigen Umstand in Betracht ziehen, dass Hume
bei seiner Polemik gegen die Begriffsphilosophie durchaus nicht
die Idee einer streng dogmatisch verfahrenden Metaphysik in
der ausgearbeiteten, principiellen Form vor Augen stand, wie
wir sie im vorigen Kapitel mit Rücksicht auf die ihr von
Kant zu Theil gewordene Präcisirung entwickelt haben.[76]) Er
nimmt vielmehr ganz ausschliesslich auf diejenige Gestalt der
Metaphysik Bezug, welche sie in der Praxis der damaligen Zeit
angenommen hatte, und diese zeigte nichts weniger, als das
Bild einer streng dogmatischen Wissenschaft im Sinne der abstrakten Methodenlehre. Wir machten schon im vorigen
Kapitel die Beobachtung, dass selbst die echten Repräsentanten
jener strengen Theorie dieselbe in Wirklichkeit nicht durchzuführen vermochten, sondern sich auf das Feld der Erfahrung

herunterbegeben mussten, wenn es sich darum handelte, über
specielle Gegenstände der Wirklichkeit, wie Gott und die Seele,
zu einer inhaltsreichen Erkenntniss zu gelangen. Die Methode,
wie sie hier praktisch angewandt wurde, bestand im Grunde in
der Subsumtion empirisch gewonnener Erkenntnisse unter
gewicse allgemeine Vernunftprincipien, um auf diesem Wege,
vom Boden der Erfahrung aus sich über die Erfahrung, in die
transcendente Sphäre emporzuschwingen. Man kann in einem
weiteren Sinne auch alle solche empirisch-spekulativen Bestrebungen
unter dem Gesammtnamen »Metaphysik« begreifen; denn auch
bei ihnen handelt es sich doch allemal insofern wenigstens um
eine Erkenntniss *a priori*, als die Vernunft vermittelst ihrer
allgemeinen Principien sich über die Erfahrung zu erheben sucht.
Ein solches Vernunftprincip ist in erster Linie das Kausal-
gesetz, mit Hülfe dessen man aus einer gegebenen Erscheinung
auf ihre nicht empirische Ursache schliesst, um dieser dann diejenigen Eigenschaften beizulegen, die man zur Hervorbringung
der beobachteten Wirkung für nothwendig erachtet; dieses
Gesetz hat von jeher so recht eigentlich die Brücke gebildet,
auf der man vom Erfahrungsboden aus in die luftigen Räume
des Uebersinnlichen zu gelangen strebte. Man denke nur an
den so beliebten teleologischen Gottesbeweis, für den,
wie schon bemerkt, auch Leibnitz eine besondere Hochachtung
empfand. Selbst die Naturwissenschaften sowohl der damaligen,
als auch noch der heutigen Zeit, sind voll von solchen, an der
Hand von Kausalschlüssen über die Erfahrungsgrenze hinaus-
strebenden, metaphysischen Versuchen, wie sie sich z. B. in
dem Unternehmen des Materialismus zeigen, gestützt auf die
Ergebnisse der exakten Naturforschung die Konfigurationen und
Lagerungsverhältnisse der kleinsten Körpertheilchen als das
letzte Grundprincip der gesammten Erscheinungswelt nach
ihren konstanten und wechseluden Formen hinzustellen. Zu der
Zeit, auf welche David Hume's Arbeit sich bezog, machten der-
artige, empirisch gemischte Spekulationen thatsächlich den
wesentlichen Kern der Metaphysik aus; standen ja doch Philosophie und Naturwissenschaft noch in so inniger Verbindung,
dass sie in dem System des Cartesius fast unmerklich in
einander überlaufen. — Auf diese Weise ist es geschehen, dass
Hume die vom Boden der Erfahrung aufstrebenden spekulativen
Versuche mit einer solchen Ausschliesslichkeit in's Auge fasste,
dass er die Idee einer reinen Metaphysik — wie wir fortan die
streng dogmatische Wissenschaft, zur Unterscheidung von jenen
metaphysischen Bestrebungen im weiteren Sinne, nennen wollen —
gänzlich übersah. — Freilich ruht auch die Metaphysik im
weiteren Sinne auf dogmatischer Basis, insofern auch sie sich
auf die unkritische Voraussetzung stützt, dass ihre Methode der

Subsumtion empirischer Begriffe unter allgemeine Principien der Vernunft die Erkenntniss in Bezug auf übersinnliche Dinge zu erweitern vermöge — und eine erkenntnisstheoretische Untersuchung dieser Grundlage ist daher jedenfalls gerechtfertigt. Was aber für uns hier von besonderer Wichtigkeit sein muss, ist die Thatsache, dass, während Kant seiner Kritik eine Fassung zu geben wusste, welche in ihrer fundamentalen Allgemeinheit die Existenzfrage sowohl der reinen als auch der empirischen Metaphysik entscheiden konnte, die Untersuchung Hume's eine Richtung einschlägt, welche wohl die Wurzeln dieser letzteren zu erreichen vermag, aber die der reinen Vernunftwissenschaft kaum einmal streift, so dass dieselbe aus dem kritischen Gefecht, in welche Hume die gesammte philosophische Spekulation verwickelt zu haben meint, fast unversehrt wieder hervorgeht.

Wir sahen im ersten Kapitel, dass die Voraussetzung, auf welche die Dogmatisten ihren Glauben an die Möglichkeit einer reinen Metaphysik stützten, im 'Grunde eine doppelte war, nämlich dass erstlich unsere Vernunft ein ausreichendes Inventar reiner Begriffe und Grundsätze *a priori* besitze, und dass zweitens eine durchgängige Kongruenz zwischen diesen reinen Vernunftelementen und den realen Verhältnissen der Wirklichkeit, sie sei empirisch oder transcendent, obwalte. Für eine, diese Metaphysik in ihren Lebenswurzeln angreifende Kritik wäre damit ein zweifaches Problem aufgegeben gewesen, nämlich zuerst die Lösung der Frage: giebt es überhaupt ein solches Inventarium der reinen Vernunft? und ferner, falls diese Frage eine bejahende Antwort erhalten sollte, die weitere: worauf beruht die Uebereinstimmung dieser unserer Vernunftelemente mit den Principien der Wirklichkeit? Aus der Auflösung dieser letzteren würde sich dann die Grenzbestimmung der Vernunft ergeben haben, welche alle Erkenntniss derselben auf den Umkreis »möglicher Erfahrung« einschränkt, und damit zugleich über die Existenzberechtigung jener empirisch-transcendenten Spekulationen endgültig entscheidet.

Hume schlägt aber einen ganz andern Weg ein.

Was unserer Entwickelung gemäss in erster Linie eine eingehende und umfassende Untersuchung gefordert hätte, nämlich die Frage, ob unsere Vernunft überhaupt einen Vorrath reiner Begriffe und Grundsätze besitze, die sie zu einem aprioristischen System verknüpfen könnte, wird kurz damit erledigt, dass Hume am Eingange seiner Abhandlung (Abth. II.) den von Locke begründeten, empiristischen Standpunkt acceptirt und durch einige, nicht gerade aus der Tiefe geholte Argumente unterstützt; der Satz, dass alle unsere Begriffe *(ideas)* letzlich auf äussere oder innere Wahrnehmungen *(impressions)* zurückzuführen seien, hat weit mehr das Aussehen eines an die Spitze der Untersuchung gestellten Grundsatzes, als das eines Resultates dieser Untersuchung selbst. Und in der That wird die Erörterung über die Apriorität metaphysischer Begriffe hiermit als abgeschlossen angesehen; der empiristische Satz von dem sinnlichen Ursprung aller Vorstellungen gilt für bewiesen und zweifellos feststehend; er bildet somit nicht das Ziel der eigentlichen Untersuchung, sondern vielmehr die Grundlage, auf welcher nun erst diese selbst aufgebaut wird, um ihre kritische Spitze einem ganz anderen Punkte zuzukehren.

Die Frage, um welche Hume's Abhandlung sich dreht, lässt sich etwa folgendermassen präcisiren: Vermag unsere Vernunft *a priori* Urtheile zu entwickeln, welche unsere Erkenntniss in Bezug auf Thatsachen erweitern? So gestellt, umfasst dieselbe freilich sowohl die reinen Sätze der streng dogmatischen. Philosophie, als auch die der empirisch tingirten Metaphysik, kurz die gesammte spekulative Philosophie[77]) (vergl. S. 52 f. uns. Abh.).

Es würde nun darauf ankommen, der über diese Frage entscheidenden Untersuchung selbst eine ebenso umfassende Gestalt zu geben. Aber, wie fest auch Hume persönlich überzeugt war, dieser Forderung entsprochen zu haben — thatsächlich ist dies nicht geschehen. In Wirklichkeit trifft das Problem, auf welches er, zwecks einer eindringenden Kritik, jene allgemeine Frage zurückführt, nur allein die vom Boden der Erfahrung aufstrebenden Spekulationen. Wir werden diese Reduktion und weiterhin das Problem selbst, nunmehr näher in's Auge fassen müssen. Hume ist dabei von Reflexionen etwa folgender Art ausgegangen.

Alle unsere Erkenntniss setzt sich aus den elementaren Bestandtheilen zusammen, die uns durch die Quelle der äusseren und inneren Wahrnehmung zugeführt werden, indem sie die auf diesem Wege erlangten Vorstellungen zu Urtheilen mit einander verknüpft; sie ist also im Grunde nichts Anderes, als Verbindung von Vorstellungen, die selbst durchweg empirischen Ursprungs sind. Um daher festzustellen, ob sich solche Vorstellungen auch *a priori*, d. h. ohne Beihülfe der Erfahrung zu Erkenntnisssätzen verknüpfen lassen, hat man zu untersuchen, worauf die Verbindung der Vorstellungen zu Erkenntnissurtheilen sich überhaupt stützt: Was veranlasst und was berechtigt uns, bestimmte Vorstellungen zu bestimmten Sätzen miteinander zu verbinden? Was giebt uns die Gewissheit, dass diesen bestimmten Vorstellungsverbindungen reale Verhältnisse, objektive Thatsachen entsprechen? In der That bildet die Erörterung dieser Fragen den eigentlichen Kern der Untersuchung Hume's. Schon die kurze Betrachtung

»über die Verbindung der Vorstellungen«, welche sich in Abth. III. an die empiristische Ableitungstheorie anschliesst, beschäftigt sich damit, für diese Erörterung vorläufig wenigstens den Boden abzustecken, indem sie, freilich in mehr einleitender als eingehender Weise, die Gesetze festzustellen sucht, welche das gesammte Feld der Vorstellungsverknüpfungen überhaupt beherrschen. Aber hier tritt uns nun auch bereits die Einseitigkeit der Hume'schen Untersuchungsart in ihrer ganzen Tragweite entgegen.

Es sind nämlich drei Grundgesetze, auf welche die ganze Mannigfaltigkeit der Vorstellungsverbindungen oder Ideenassociationen zurückgeführt wird: das der Aehnlichkeit, der Berührung in Raum und Zeit und das der Ursächlichkeit. Obwohl Hume den Beweis für die Vollzähligkeit dieser Gesetze für »schwer« erklärt und ihn auch selber nicht unternimmt, so spricht er doch die Ueberzeugung aus, dass die von ihm gegebene Aufzählung »Alles umfasst und vollständig ist«.[78])

Wir aber müssen gegen diese Vollständigkeit entschieden Protest erheben.

Bei näherer Betrachtung zeigt sich nämlich — und die von Hume zur Illustration herbeigezogenen Beispiele bestätigen dies — dass er nur die rein mechanische Association solcher Ideen im Auge hat, welche als Repräsentanten besonderer, empirischer Gegenstände gelten; es handelt sich um die Verbindung der Idee eines Gemäldes mit der des Originales, der eines Zimmers mit der des benachbarten Zimmers, der einer Wunde mit der eines bestimmten physischen Schmerzes. Es sind dabei ganz und gar diejenigen Beziehungen ausser Acht gelassen, welche zwischen den von allen besonderen Gegenständen abstrahirenden, allgemeinen Seinsbegriffen obwalten. Diese ontologischen Allgemeinbegriffe associiren sich weder nach dem Princip der Aehnlichkeit, noch nach dem der räumlichen oder zeitlichen Berührung, noch auch nach dem der Ursächlichkeit — denn auch dieses letztere bezieht sich nur auf die Vergesellschaftung konkreter Vorstellungen. Die Verbindung jener Begriffe vollzieht sich vielmehr allein nach den logischen Gesetzen des Denkens. Das oberste Princip dieser logischen Denkverknüpfung aber ist wesentlich verschieden von den von Hume aufgestellten Associationsgesetzen. Diesem Principe gemäss verbinden sich die Begriffe im Denken lediglich, insofern sie selbst einander gleich sind — in welchem Falle sie identische Sätze bilden würden — oder insofern eine solche Identität zwischen einem von ihnen und einem Merkmale des andern oder zwischen ihren beiderseitigen Merkmalen obwaltet. Das Princip der logischen Denkassociation ist somit das der Identität. Und zwar findet nach demselben eine unmittelbare Verbindung der Begriffe nur in dem ersten Falle statt, wo diese selbst miteinander identisch sind; in den übrigen, ja bei Weitem die Mehrzahl bildenden Fällen ist die Verbindung erst durch die vermittelnden Merkmale, auf dem Wege der Syllogistik zu erreichen. In eben dieser syllogistischen Thätigkeit äussert ja das Denken seine eigentlich synthetische Kraft; sie bildet ja den wesentlichsten Theil jeder wissenschaftlichen Arbeit. Eben dadurch, dass wir das empirische Material in dieses synthetische Denken aufnehmen, geben wir ihm seine wissenschaftliche Form d. h. wir fassen es damit in feste, allgemeingültige Gesetze, die uns in den Stand setzen, uns von der Vormundschaft der Erfahrung frei zu machen, von der Induktion zur Deduktion uns zu erheben und Zukünftiges mit Sicherheit vorher zu sagen. Nur allein diese synthetische Funktion des Denkens vermag der Wissenschaft ihre objective Gültigkeit und Gewissheit zu verleihen.[79]) Die reine Metaphysik aber besteht ihrer Idee nach ganz und gar aus logischen Begriffsverbindungen; die Ontologie in erster Linie. Sie ist ja gar nichts Anderes, als das System der allgemeinen Seinsbegriffe, nach logischen Gesetzen miteinander verknüpft. Und auch die transcendente Metaphysik hat ihrem dogmatistischen Principe gemäss ihre Resultate auf dem Wege zu erzielen, dass sie ihre Specialbegriffe mit den allgemeinen Seinsverhältnissen in logische Verbindung bringt. Diese, nach dem Princip der Identität sich vollziehende Begriffsynthese ist also der Hebel der ganzen reinen Vernunftwissenschaft, und es ist von diesem Gesichtspunkte aus durchaus gerechtfertigt, wenn die Dogmatisten, wie vor Allen Leibnitz und die Wolfianer den mit jenem Principe eng verbrüderten Satz des Widerspruchs als obersten Grundsatz für alle Vernunftwahrheiten überhaupt hinstellten.

Um so mehr ist man zu der Erwartung berechtigt, dass eine Arbeit, die wie die Humesche, über das Schicksal der gesammten spekulativen Philosophie endgültig zu entscheiden sich anmasst, auch gerade dieser logischen Begriffssynthese eine allseitige, erschöpfende Betrachtung zuwenden werde, und um so verhängnissvoller ist der Umstand, dass dieser Erwartung thatsächlich nicht entsprochen wird. Indem Hume alle Vorstellungsverbindungen auf die oben genannten drei Arten von Ideenassociationen zurückführt, schliesst er die gesammte reine Philosophie von vornherein aus dem dadurch abgegrenzten Gebiete seiner kritischen Untersuchung aus.

Der weitere Verlauf des Humeschen Gedankenganges lässt diese Einseitigkeit noch deutlicher zu Tage treten. In der nächsten Abtheilung (IV) steuert er nämlich nunmehr direkt auf die Formulirung des Problems selbst hin, indem er zuerst die Gegenstände der Erkenntniss klassificirt, um sodann die wichtige Frage in Angriff zu nehmen, auf welchem Wege sie unserer Erkenntniss zugänglich werden.

Die Gegenstände der Erkenntniss werden kurz in zwei
wesentlich unterschiedene Klassen eingetheilt: in »Beziehungen
von Vorstellungen« einerseits und in »Thatsachen« andrerseits; gegen Ende des Werkes wird die zweite Klasse noch
wieder in die beiden Abtheilungen der »besondern« und der
»allgemeinen« Thatsachen geschieden (S. 152). In die erste
Klasse stellt Hume die Erkenntnissobjekte der mathematischen
Wissenschaften, der Geometrie, Algebra und Arithmetik.
Seine Auffassung in Betreff der Aufgabe und Methode dieser Wissenschaften ist nun merkwürdiger Weise ganz dieselbe, welche wir
bei den Dogmatisten der vorkantischen Periode und — abgesehen von ihrer originellen analytischen Methodenlehre — insbesondere bei den Leibnitz-Wolfianern angetroffen haben.
Auch nach Hume beschäftigt sich der Geometer lediglich mit
der Betrachtung idealer Raumgebilde, wie sie sein Geist ohne
Bezugnahme auf die konkreten Gegenstände der Körperwelt
a priori vorstellt; auch Hume erklärt aus diesem Grunde die
Betrachtung derselben für unabhängig von dem Vorhandensein
solcher Gegenstände. Gleich wie Leibnitz hervorgehoben hatte,
dass die geometrischen Beweise auch in dem Falle fest stehen
würden, wo gar keine Figuren vorhanden wären, bemerkt unser
Philosoph hier: »Wenn es auch niemals einen Kreis oder ein
Dreieck in der Natur gegeben hätte, so würden doch die von
Euklid dargelegten Wahrheiten für immer ihre Gewissheit und
Beweiskraft behalten.« Er erklärt wirklich, ganz wie Leibnitz,
»die reine Thätigkeit des Denkens« für das alleinige
Organ der Mathematik: das Denken entwickelt die in ihr ent-
haltenen Wahrheiten lediglich aus dem Begriffe der Figuren,
und zwar an der Hand des Satzes vom Widerspruche. Die
mathematischen Sätze ergeben sich also auch nach Hume's Auffassung aus ihren Principien mit logischer Nothwendigkeit
und sind daher mit einer unumstösslichen Gewissheit verknüpft:
sie gelten auch für ihn als nothwendige Wahrheiten, wenngleich er diese Bezeichnung selbst nicht in Anwendung bringt. [30])
Ein Punkt muss uns hier nun aber sofort auffallen:
Wir sehen hier nämlich Hume gerade diejenige Art der
Ideenverbindung in die Untersuchung einführen, die er bei der
in Abtheilung III gegebenen Eintheilung übergangen hatte:
indem er jetzt die nach dem Satz vom Widerspruche sich vollziehende Thätigkeit des reinen Denkens als das eigentliche
Organ der Mathematik bezeichnet, erkennt er nicht allein das
Vorhandensein der logischen Synthese der Begriffe als einer besonderen Art der Ideenverbindung an, sondern er legt ihr auch
zugleich eine wissenschaftliche Bedeutung bei. Ja, er sieht in
dieser, auf den Satz vom Widerspruch gestützten Synthesis, wie
dies im weiteren Verlaufe seiner Untersuchung noch mehrfach

hervortritt, den wesentlichen Kern aller der Beweise, welche im Gewande einer strengen, mit Nothwendigkeit und Allgemeingültigkeit verknüpften Demonstration auftreten. [81]) Es ist daher um so überraschender, dass er nicht nur später noch einmal auf jene ursprüngliche Dreitheilung zurückkommt, um auf's Neue ihre Vollständigkeit hervorzuheben (s. Anm. 78 u. Abh.) sondern auch bei seiner eigentlichen Kritik selbst das logische Princip der Begriffssynthese gänzlich vernachlässigt.

Hätte unserem Kritiker die Idee einer reinen Metaphysik überhaupt vor Augen gestanden, hätte er in erster Linie einen Blick in das Wesen der Ontologie gethan, so wäre seine Untersuchung etwa in folgende Richtung gedrängt worden. Sie hätte zuerst bemerken müssen, dass auch die Metaphysik und vor Allem die Ontologie ihrer reinen Idee nach nur die Beziehungen von Vorstellungen zu ihrem unmittelbaren Erkenntnissgegenstande hat. Auch hier soll es sich, wie in der Mathematik, allein um eine logische Synthese der Begriffe handeln, ohne die Erfahrung dabei zu Rathe zu ziehen. Einer die Lebensfrage der Metaphysik entscheidenden Kritik wäre daher die Aufgabe zugefallen, eben die Möglichket einer solchen Synthesis a priori zu untersuchen; sie hätte sich genöthigt gesehen, in das innerste Wesen der synthetischen Funktion unseres Denkens einzudringen, um die bedingenden Faktoren aufzudecken, auf welche sie sich stützt. Und da sie in der Mathematik eine solche Synthesis a priori thatsächlich vorfand, hätte sie hier einen festen Ansatzpunkt gehabt, von dem aus sie durch das Problem der mathematischen Synthesis hindurch zu dem der begrifflichen Synthese überhaupt, und der metaphysichen insbesondere hingeführt worden wäre. Die Humesche Untersuchung wäre somit naturgemäss in diejenige Bahn gedrängt worden, die Kant thatsächlich eingeschlagen, indem er die Frage nach der Möglichkeit synthetischer Urtheile a priori zum Fundamentalproblem seiner Kritik erhob. In Wirklichkeit nimmt sie aber einen ganz anderen Verlauf.

Die Frage nämlich, die uns hier als das eigentliche Thema der Untersuchung entgegentritt, ist die nach der »Natur der Gewissheit«, »welche uns von der wirklichen Existenz und von Thatsachen überzeugt«. — Mit der Methode mathematischer Erkenntnisse und der mit ihnen verknüpften Gewissheit hatte Hume schnell fertig zu sein gemeint: sie werden auf dem Wege streng logischer Begriffsentwickelung gewonnen und sind daher auch von dem Korrelate der logischen Nothwendigkeit, von der apodiktischen Gewissheit begleitet. Anders verhält es sich mit der Erkenntniss von Thatsachen: sie »werden nicht in derselben Weise festgestellt, und unsere Ueberzeugung von ihrer Wahrheit ist zwar gross, aber doch nicht von derselben Art, wie bei den ersten« (den mathematischen Erkenntnissen). »Das Gegentheil einer Thatsache bleibt immer möglich; denn es ist niemals ein Widerspruch.« Die Natur dieser Gewissheit muss daher Gegenstand einer besonderen Untersuchung werden. — Es ist hervorzuheben, dass dabei der Metaphysik vorerst noch gar keine besondere Erwähnung gethan wird; der Zusammenhang des Ganzen ergiebt aber mit Evidenz, dass Hume sie ohne Weiteres in die Reihe derjenigen Wissenschaften setzt, welche sich auf »Thatsachen« beziehen. Hier hebt er sie deswegen nicht besonders hervor, weil er darauf ausgeht, seinem kritischen Probleme zuerst eine allgemeinere, von der direkten Beziehung auf die Metaphysik unabhängige Fassung zu geben, um erst nach Auflösung desselben die gewonnenen Resultate für die Entscheidung der Existenzfrage jener Wissenschaft herbeizuziehen: das metaphysische Problem soll nur als ein Specialfall jenes allgemeinen, erkenntnisstheoretischen behandelt werden. Es handelt sich bei diesem einfach um die Fragen: auf welchem Wege erlangen wir Gewissheit über Tatsachen? — Zunächst aber wird auch diese wiederum auf eine noch einfachere Form zurückgeführt: Alle Erkenntniss einer uns nicht unmittelbar gegebenen Thatsache — so entwickelt sich der Gedankenlauf dieser weiteren Reduktion — wird nicht anders, als durch Vermittelung eines Schlusses erstrebt werden können: eine Thatsache, die wir nicht wahrnehmen oder im Gedächtnisse reproduciren, können wir nur dadurch wissen, dass wir sie erschliessen. Ein solcher Schluss nun aber ist allemal ein Kausalschluss, der das Dasein und die Beschaffenheit der noch unbekannten Thatsache aus dem Dasein und der Beschaffenheit einer andern, bekannten Thatsache als deren Ursache oder Wirkung, ableitet: »Alles Schliessen in Bezug auf Thatsachen scheint sich auf die Beziehung von Ursache und Wirkung zu gründen.« Solche Kausalschlüsse von einer gegebenen auf eine unbekannte Thatsache beherrschen somit die Erkenntniss thatsächlicher Wahrheiten — soweit sie uns nicht unmittelbar durch die Sinne (oder das Gedächtniss) gegeben sind — ebenso allgemein, wie die rein logische, an der Hand des Satzes vom Widerspruch vorschreitende Deduktion die Erkenntniss der ersten Klasse von Gegenständen, der Beziehungen von Vorstellungen beherrscht. Die Frage nach der Natur der Gewissheit thatsächlicher Wahrheiten wird demgemäss abhängig gemacht werden müssen von der fundamentaleren nach der Art und Weise unserer Erkenntniss kausaler Verhältnisse: »Will man daher,« so heisst es S. 27, »in Bezug auf die Natur der Gewissheit über Thatsachen etwas Befriedigendes erreichen, so muss man untersuchen, wie man zur Kenntniss von der Ursache und Wirkung gelangt.« — Diese Frage wird somit das eigentliche Grundthema der Untersuchung; sie bildet das Kernproblem, auf welches die methodologische Frage nach der Erkenntniss von Thatsachen zurückgeführt und von dessen Auflösung die Zielfrage der ganzen Abhandlung, die Existenzfrage der spekulativen Philosophie letztlich abhängig gemacht ist. — Damit sind wir nun an dem geeigneten Punkte angelangt, die schon oben angedeutete Einseitigkeit des Humeschen Grundproblemes in ein deutliches Licht zu rücken. Dass nämlich die Frage, »wie man zur Kenntniss von Ursache und Wirkung gelangt«, nur allein für die empirisch-spekulative Philosophie eine wirklich fundamentale Bedeutung hat, die Wurzeln der reinen Metaphysik aber gar nicht berührt, ist leicht einzusehen. Die erstere operirt freilich durchweg mit Kausalschlüssen und kann daher auch wirklich unter jene Kernfrage der Untersuchung subsumirt werden. Ganz anders aber verhält es sich mit der reinen Metaphysik. Man darf getrost die Behauptung aufstellen, dass innerhalb des Systemes einer solchen Wissenschaft, ihrer eigenen Idee gemäss, ein Kausalschluss überhaupt gar keine Stelle findet. Denn ein solcher, mag er nun von einer Wirkung ausgehen, um deren Ursache zu erschliessen, oder von einer Ursache zu ihren Wirkungen herabsteigen, hat doch allemal eine bestimmte, gegebene Thatsache, ein empirisches Datum zu seinem Ausgangspunkte; die Idee einer reinen Metaphysik aber erfordert, dass sie ausschliesslich in der Sphäre des Nichtempirischen, rein Begrifflichen sich bewege, ohne den Fuss auch nur einmal auf den Boden der Erfahrung aufzusetzen. Sie ist — um auch hier eine Kantische Definition zu gebrauchen[82]) — »eine ganz isolirte spekulative Vernunfterkenntniss, die sich gänzlich über Erfahrungsbelehrung erhebt und zwar durch blosse Begriffe.« Sie hat es mit gar nichts Anderem zu thun. als mit reinen Vernunftbegriffen und ihren gegenseitigen, logischen Beziehungen, εἴδεσιν αὐτοῖς δι'αὐτῶν εἰς αὐτὰ καὶ τελευτᾷ εἰς εἴδη, wie Plato es von der Dialektik gefordert hatte. — Allerdings erstrebt auch sie, als theoretische Philosophie die Erkenntniss objektiver Thatsachen: sie will als Ontologie zugleich die realen Principien der Welt darstellen und, soweit sie transcendent ist, sogar das Dasein und die Eigenschaften übersinnlicher, aber doch konkreter Gegenstände feststellen; aber diese Tendenz beraubt sie keineswegs ihres rein begrifflichen Charakters. Sie stützt sich ja, wie uns das vorige Kapitel zeigte, auf die Voraussetzung einer durchgängigen Parallelität zwischen Denken und Sein; in dieser soll gerade für die Metaphysik die Möglichkeit liegen, das System der realen Seinsverhältnisse wiederzuspiegeln, ohne dabei jemals aus der dem Denken eigenthümlichen Sphäre reiner Begriffssynthese herausgehen zu brauchen. Eben deswegen ist sie ihrer Idee gemäss direkt nur auf die Erkenntniss der

Beziehungen von Vorstellungen gerichtet und doch dabei
zugleich eine Wissenschaft von objektiver Realität, ein Erkennt-
nisssystem von Thatsachen.

Schon hieraus aber geht hervor, dass überhaupt die für
die Richtung der Untersuchung massgebende Eintheilung der
Erkenntnissgegenstände in Beziehungen von Vorstellungen einerseits und in Thatsachen andrerseits im Principe verfehlt ist.
Denn im Grunde gehen, mit Ausnahme der Sittenlehre, alle
Wissenschaften letztlich auf die Erkenntniss von Thatsachen
aus; eben in der Uebereinstimmung ihrer Sätze mit den wirklichen Bestimmungen des Seins besteht ihre objektive Gültigkeit,
ihre Realität und Wahrheit, und ohne dieselbe wäre eine
Wissenschaft nichts als ein »Hirngespinst«. So erstreben Mathe-
matik und Philosophie, wie die exakten Naturwissenschaften die
Erkenntniss von Thatsachen. Freilich handelt es sich hier nicht um
einzelne Begebenheiten, wie sie die historischen Wissenschaften
zu ihrem Gegenstande haben, sondern um die von Hume sogenannten
»allgemeinen Thatsachen« d. h. um die allgemeinen
Gesetze, denen die einzelnen Thatsachen unterworfen sind.
Diese Gesetze sind aber gar nichts Anderes, als die konstanten
Beziehungen, welche zwischen den einzelnen Thatsachen, ihrer
Eigenthümlichkeit gemäss bestehen; alle Veränderungen der
Natur, die ganze Fülle der Erscheinungen, die an unserem
empirischen Bewusstsein vorüberzieht, beruht letztlich auf solchen
festen Beziehungen einfacher Thatsachen zueinander und findet
aus denselben ihre wissenschaftliche Erklärung. Daher bildet die
Erkenntniss dieser Beziehungen von Thatsachen den eigentlichen
Gegenstand aller theoretischen Wissenschaften. Sie theilen sich
in diese gemeinschaftliche Arbeit in der Weise, dass jede ein
besonderes Gebiet von Thatsachen für sich absondert, um die
besonderen Beziehungen derselben und die aus ihnen sich
ergebenden eigenthümlichen Konsequenzen zu erforschen und
abzuleiten. Während aber die Naturwissenschaften nebst der
Mathematik ihr Feld innerhalb der Grenzen des empirischen
Seins sich abstecken, sucht die Metaphysik, soweit sie transcendent
ist, im Reiche des Uebersinnlichen festen Fuss zu fassen, um
hier ein Gebiet intelligibler Thatsachen zu ihrer eigenthümlichen Provinz zu machen. Der Ontologie aber fällt die
Aufgabe zu, diejenigen allgemeinsten Bestimmungen aufzusuchen,
welche zwischen der Gesammtheit aller Thatsachen, ungeachtet
ihrer Verschiedenheiten und Eigenthümlichkeiten, obwalten und
um derentwillen sie ein grosses, einheitliches Ganze ausmachen;[83])
eben dieser Charakter höchster Allgemeinheit befähigt sie in
den Augen des Dogmatisten, sich über die empirische und die
transcendente Seinssphäre gleichmässig auszuspannen und als
Wissenschaft der absoluten Welterkenntniss aufzutreten. — Es

gehen also, mit Ausnahme der auf das Sollen gerichteten Sittenlehre, alle Wissenschaften auf die Erkenntniss des Seins und seiner Thatsachen aus und zwar — wenn wir von den historischen Disciplinen hier absehen — auf die Beziehungen von Thatsachen; dieses Ziel charakterisirt in gleicher Weise Philosophie, Mathematik und Naturwissenschaften. Der Unterschied zwischen ihnen liegt aber in einer Richtung, die erst vom Standpunkte des kritischen Idealismus aus klar und sicher bestimmt werden kann. Kant stellt alle Thatsachen, soweit sie überhaupt unserer Erkenntniss zugänglich sind, unter zwei verschiedene Gesichtspunkte, deren einer lediglich ihren stofflichen Gehalt, das ihren eigentlich empirischen Kern bildende »Mannigfaltige der Anschauung« umfasst, während der andere die blosse Form begreift, in welcher dieser empirische Stoff sich gleichmässig und ohne Ausnahme darstellt, nämlich einerseits die Anschauungsform von Raum und Zeit und andrerseits die in den Kategorien sich ausprägende Begriffsform, in welche die Anschauungen gefasst werden müssen, um überhaupt Gegenstände unseres Verstandes werden zu können. Der Unterschied der einzelnen, auf die Erkenntniss allgemeiner Thatsachen gerichteten Wissenschaften besteht nun darin, dass die einen, nämlich die sogenannten exakten Naturwissenschaften, darunter auch die Psychologie — die sich allerdings noch erst zu dem Range einer solchen zu erheben hat[84]) — auf die Beziehungen der körperlichen und geistigen Erscheinungen hinsichtlich ihrer stofflichen Seite gerichtet sind, während Mathematik und Metaphysik die Beziehungen ihrer allgemeinen Formen, jene der Anschauungs-, diese der Begriffs-Formen zum Gegenstande ihrer Betrachtung zu machen haben. Dieser rein formale Charakter ist also eine gemeinsame Eigenthümlichkeit beider, und eben deswegen muss die Metaphysik der Mathematik an die Seite, nicht aber ihr gegenüber gestellt werden. Und zwar betrifft dies in erster Linie die Ontologie, die ja gar nichts Anderes sein will als eine Wissenschaft der allgemeinen Seinsformen, während die transcendente Metaphysik die Erkenntniss derselben nur benutzt, um mit ihrer Hülfe in das Reich besonderer Thatsachen jenseits der Erfahrungsgrenze Eingang zu finden.

Wie nun aber bereits hervorgehoben wurde, hat Hume weder die Ontologie noch die transcendente Metaphysik im Sinne der dogmatistischen Methodenlehre beim Entwurf seiner Abhandlung vor Augen gehabt; indem er sie von vorneherein auf die, mit Kausalschlüssen operirenden, empirisch-spekulativen Versuche zuspitzt, lenkt er sie, ohne es zu ahnen, von den Wurzeln aller reinen Metaphysik ab: seine Kritik vermag daher jene allerdings mit ihrer vernichtenden Wucht zu treffen; diese aber wird nicht durch sie zerstört.

Man darf auch nicht meinen, dass die Frage, »wie man zur Kenntniss von Ursache und Wirkung gelangt«, ursprünglich etwa gleichbedeutend oder auch nur verwandt mit derjenigen nach der Apriorität des Kausalbegriffes sei; es handelt sich gar nicht darum, auf welchem Wege dieser Begriff selbst entsteht — darüber hat vielmehr die einleitende, empiristische Theorie von Abth. II. wenigstens im Allgemeinen bereits entschieden — sondern es kommt darauf an, festzustellen, wie wir zur Erkenntniss der Thatsachen gelangen, die wir als Ursachen resp. Wirkungen auffassen.

Wir haben uns nunmehr der Beantwortung zuzuwenden, welche Hume eben dieser Frage nach unserer Erkenntniss von Ursache und Wirkung zu Theil werden lässt. — Auch sie können wir bei allem Scharfsinn, den sie an einzelnen Stellen verräth, von dem Fehler grosser Einseitigkeit sowie dem der Oberflächlichkeit nicht frei sprechen. Hatten wir nämlich bereits bei Humes Zurückführung aller Vorstellungsverbindungen auf die drei Gesetze der Aehnlichkeit, der Berührung in Raum und Zeit und der Ursachlichkeit das Princip der logischen Begriffssynthese vermisst, so tritt uns jetzt die Vernachlässigung desselben noch empfindlicher entgegen. Die gute Absicht, von welcher unser Kritiker sich dabei leiten lässt, soll keineswegs verkannt werden: durchdrungen von der Erkenntniss der Nichtigkeit und innern Haltlosigkeit aller metaphysischen Versuche, will er das blinde Vertrauen, welches man so lange in die Erkenntnissfähigkeit der Vernunft gesetzt, durch Aufdeckung ihrer ganzen Schwäche und ihres völligen, spekulativen Unvermögens auf das Nachhaltigste erschüttern. Aber diese Absicht führt ihn zu weit, indem sie ihn ganz die wirklichen Leistungen übersehen lässt, die eine jede gesunde Erkenntnisstheorie der Vernunft beim Zustandekommen der Erkenntniss zugestehen muss. Hume geht in der That darauf aus, alle Vernunftthätigkeit aus dem Erkenntnissprozesse — soweit er sich aber nicht auf mathematische Gegenstände bezieht — überhaupt auszuschliessen, indem er alle, unsere Erkenntniss in Bezug auf Thatsachen erweiternden Vorstellungsverbindungen auf blos mechanische Ideenassociationen zurückzuführen sucht. Und zwar geschieht dies keineswegs in der Weise, dass er etwa die Vernunft selbst analysirte und aus ihrem eigenen Wesen heraus die ihr beigelegte Unfähigkeit zu demonstriren sich bemühte; sondern er stützt sich lediglich auf äusserliche Argumente, welche deutlich erkennen lassen, dass ihm die Einsicht in das innere Gewebe der Vernunft und ihrer Thätigkeit verschlossen geblieben ist.

Alle unsere Erkenntniss von Ursachen oder Wirkungen, und somit unsere Erkenntniss von Thatsachen überhaupt beruht einzig und allein auf **Erfahrung**, ganz ohne Beihülfe der Vernunft, — diesen Satz will Hume in der Abth. IV und V angestellten Untersuchung feststellen. »Ich wage« — so formulirt er selber S. 27 seine These, — »es als einen allgemeinen und ausnahmslosen Satz hinzustellen, dass die Kenntniss dieser Beziehung in keinem Falle durch ein Denken *a priori* erreicht wird, sondern dass sie lediglich aus der Erfahrung stammt.«

Zum Beweise dieser Behauptung werden nun zwei verschiedene Argumente in das Feld geführt. Das erste füllt den ersten Abschnitt von Abth. IV. aus; es ist einfach und klar und lässt sich in Kürze etwa folgendermassen wiedergeben. Ursache und Wirkung sind zwei ihrem Wesen nach durchaus verschiedene Gegenstände; der Begriff des einen kann also nicht in dem des andern bereits *implicite* enthalten sein und folglich auch nicht aus diesem syllogistisch abgeleitet werden. »Jede Wirkung ist von ihrer Ursache verschieden; sie kann desshalb in dieser nicht gefunden werden, und jede Erfindung und Vorstellung derselben *a priori* muss völlig willkührlich bleiben.« Nur Erfahrung vermag uns daher zu einer gegebenen Erscheinung ihre Ursache und ihre Wirkung aufzuzeigen. — Schon dieser Beweis führt Hume hier zu einem Schluss, der für das Schicksal der philosophischen Spekulation freilich von weittragender Bedeutung ist. Ist es nämlich richtig, dass »die Ursachen und Wirkungen nicht durch Vernunft, sondern nur durch Erfahrung erkennbar sind«, so folgt daraus, dass die jenseits aller Erfahrung liegenden letzten Gründe der Erscheinungen, die von jeher das vornehmste Ziel aller Spekulation gewesen, der menschlichen Erkenntniss unerreichbar sein müssen. »Die letzten Kräfte und Principien« heisst es daher S. 30, sind der menschlichen Wissbegierde und Forschung gänzlich verschlossen. Elasticität, Schwere, Zusammenhang der Theile, Mittheilung der Bewegung durch Stoss sind vielleicht die letzten Ursachen und Principien, die man in der Natur entdecken kann, und man muss sich glücklich schätzen, wenn durch sorgfältige Untersuchung und Ueberlegung die besonderen Erscheinungen sich bis auf diese allgemeinen Principien oder bis nahe zu ihnen zurückführen lassen. Die vollkommenste Philosophie der Natur schiebt nur unsere Unwissenheit ein Wenig weiter zurück, und ebenso dient vielleicht die vollkommenste Metaphysik und Moralphilosophie nur dazu, grössere Stücke von unserer Unwissenheit bloss zu legen.« —

Obwohl sich nun aber gegen die Klarheit und Richtigkeit dieser Beweisführung an sich schwerlich etwas einwenden liesse, so ist sie doch deshalb noch keineswegs im Stande, das theoretische Unvermögen der Vernunft darzuthun: in dem hier behandelten

Falle ist eine durch Vernunft vermittelte Erkenntniss nämlich nur aus dem Grunde nicht möglich, weil der blosse Begriff eines einzelnen Dinges noch keinen hinreichenden Stoff für die verknüpfende Thätigkeit des Denkens darzubieten vermag: ihre Wirksamkeit ist hier lediglich durch die Unzulänglichkeit des vorliegenden Materiales ausgeschlossen. Dieselbe kann ja überhaupt nur erst in Kraft treten, sobald eine Mehrzahl gegebener Daten vorhanden ist, die auf Grund der zwischen ihnen aufgefundenen Gleichartigkeiten einer syllogistischen Verknüpfung fähig sind. Dies geschieht nun aber bereits, wenn ich die häufig wahrgenommene Aufeinanderfolge zweier Erscheinungen in ein empirisches Gesetz kausaler Verknüpfung gefasst habe und mir nunmehr wiederum eine von beiden irgendwo in der Erfahrung entgegentritt: ich brauche jetzt die andere nicht mehr erst *a posteriori* aufzusuchen, sondern erkenne ihr Vorhandensein durch Subsumtion des vorliegenden Einzelfalles unter jenes allgemeine Gesetz, auf dem Wege des Schlussverfahrens. Findet hierbei nun auch eine eigentliche Bereicherung meines wissenschaftlichen Erkenntnissschatzes noch nicht statt, indem es sich ja nur um Anwendung eines bereits bekannten, aber nicht auch zugleich um Ableitung eines neuen Gesetzes handelt, so kann doch bei zunehmender Fülle des Materiales auch eine solche syllogistisch vermittelt werden: sind mir bereits eine Anzahl verknüpfbarer Ursachen bekannt, so vermag ich durch Kombination der ihre Wirksamkeit bestimmenden Gesetze auch bisher noch nicht bekannte Folgen zu deduciren; ja kann ich etwa gar die gegebenen Kräfte messen, so bin ich auch im Stande, ihre Gesammtwirkung mit mathematischer Genauigkeit vorherzusagen. — Eben dieser, an einer Mehrheit von Erfahrungsdaten sich vollziehende Erkenntnissprocess würde es demnach sein, auf dessen Analyse sich die Hume'sche Kritik der Vernunftthätigkeit zu stützen hätte. In der That sehen wir nun auch unsern Philosophen in seiner folgenden Argumentation hierzu wenigstens einen Anlauf nehmen. Den Gegenstand derselben bilden wirklich die »Schlüsse auf Grund der Erfahrung«. Ihr Zweck aber ist der Nachweis, dass von einer logischen Denkthätigkeit auch hierbei keine Rede sein könne, solche Schlüsse vielmehr nichts Anderes seien, als Ideenassociationen, hervorgerufen durch den bei Mensch und Thier gleichartig wirkenden, instinktiven Trieb der Gewohnheit: »Hat man gefunden, dass in vielen Fällen zwei Dinge, wie Flamme und Hitze, Schnee und Kälte, immer mit einander verbunden gewesen sind, so treibt die Gewohnheit die Seele, wenn sie Schnee oder eine Flamme sieht, Kälte oder Hitze zu erwarten und zu glauben, dass eine solche Eigenschaft existirt und bei grösserer Annäherung sich ergeben wird.« — »Alle Schlüsse auf Grund der Er-

fahrung sind deswegen Wirkungen der Gewohnheit
und nicht des Verstandes.« [85]) Humes Beweisführung zerlegt sich in zwei Theile, deren
erster, blos negativ, die Mitwirkung der Vernunft beim Zu-
standekommen solcher Erfahrungsschlüsse in Abrede stellt, während
sodann der zweite in positiver Weise den Gewohnheitstrieb als
das eigentliche Princip derselben darzuthun sucht. Statt hierbei
nun aber in den komplicirteren Process des deduktiven Erkennens
einzudringen, der eine grössere Anzahl von Erfahrungsdaten
kombinirt und überhaupt erst eine wirkliche Erweiterung unseres
Wissens zur Folge hat: beschränkt sich Hume auf die Untersuchung jenes elementaren Vorganges, wonach wir von ähnlichen
Ursachen auf ähnliche Wirkungen schliessen und umgekehrt.
Auf solche Schlüsse laufen nach S. 35 »alle Erfahrungsbeweise
hinaus«; durch eine Kritik solcher Schlüsse glaubt er demnach
zugleich das ganze theoretische Vermögen der Vernunft hinsichtlich der Erkenntniss von »Thatsachen« seiner Prüfung zu
unterwerfen. »Ich sage« — so lautet demnach allgemein die
These jenes für uns besonders wichtigen, negativen Theiles —
»dass selbst nachdem man die Erfahrung von der Wirksamkeit
der Ursachen und Wirkungen gewonnen hat, die Schlüsse
aus dieser Erfahrung sich nicht auf Vernunft oder
einen Vorgang innerhalb des Denkens stützen.« —
Die Begründung dieser negativen Behauptung bezeichnet Hume
selbst als »ein leichtes Geschäft«, und in der That hat er sich
seine Arbeit sehr leicht gemacht! Bei näherer Betrachtung
sieht man, dass er eigentlich zwei verschiedene Argumentationen
abspinnt: das aber haben beide gemeinsam, dass sie sich auf
Gründe stützen, die den in Frage gezogenen Erkenntnissprozess
selbst gar nicht tangiren.

Die erste derselben entwickelt sich in Kürze folgendermassen: Ein Vernunftschluss folgert sein Resultat allemal mit
logischer Nothwendigkeit, nach dem Satze vom Widerspruch. Nun
enthält aber das Anderssein einer Thatsache niemals einen Widerspruch. Folglich kann eine solche auch niemals auf dem Wege eines
logischen Schlussverfahrens abgeleitet sein (S. 35). — »Kann
ich mir nicht klar und deutlich vorstellen, dass ein Ding, was
aus den Wolken fällt und überall sonst dem Schnee gleicht,
doch wie Salz schmeckt und wie Feuer brennt? Ist etwas ver-
ständlicher, als die Behauptung, dass alle Bäume im Dezember
und Januar blühen und im Mai und Juni kahl werden? Nun
enthält aber das, was man verstehen und deutlich vorstellen
kann, keiner. Widerspruch und kann niemals *a priori* durch
einen Beweis oder eine begriffliche Folgerung widerlegt werden.«
Was wir bereits früher bemerkten, finden wir auch wieder:
Hume übersieht keineswegs die logische Vernunftthätigkeit über-

haupt, sondern er leugnet nur ihre Mitwirkung für alle die Fälle, in denen es sich um die Erweiterung unserer Erkenntniss in Bezug auf Thatsachen handelt. Wie wir aber sehen, gründet er diese Negirung darauf, dass er an den *vérités de fait* eben den Charakter einer alles Anderssein ausschliessenden Nothwendigkeit vermisst, die er mit Recht als die Wirkung eines jeden durch Vernunft vermittelten Erkenntnissprozesses in Anspruch nimmt. Aber gerade der Umstand, dass er diese logische Nothwendigkeit den auf Thatsachen bezüglichen Sätzen ohne Weiteres, ganz allgemein, abspricht, zeigt uns, wie oberflächlich er sein Problem behandelt. Eine tiefer eindringende Betrachtung hätte ihn darauf hinführen müssen, dass die Widerspruchslosigkeit und somit auch die logische Möglichkeit des Gegentheils für solche Sätze nur so lange anerkannt werden kann, als diese nichts Anderes sind, als blosse Verallgemeinerungen von Einzelbeobachtungen, als bloss empirische Sätze. Sobald es gelungen ist, solche Induktionen auf Gründe zurückzuführen, d. h. sie aus allgemeineren Sätzen abzuleiten, ändert sich auch ihre Modalität; sie ergeben sich aus diesen Sätzen nach dem Principe der Identität, und ihr Gegentheil ist nunmehr, als logischer Widerspruch gegen die Prämissen, *a priori* ausgeschlossen. So erscheint allerdings, so lange uns nichts Anderes vorliegt, als die häufig gemachte Beobachtung, dass im Mai die Bäume bei uns blühen und im Dezember kahl stehen, auch das Umgekehrte möglich; sobald uns aber eine auf die Ursachen zurückgehende Naturbetrachtung zu der Erkenntniss geführt hat, dass einerseits das pflanzliche Leben nur unter Einwirkung einer gewissen Wärme zum Blüthentreiben gelangen kann und dass andrerseits die klimatischen Verhältnisse unserer nordeuropäischen Länder diese Wärme für die Wintermonate hier nicht zur Entwickelung kommen lassen, sind wir berechtigt, das Blühen der Bäume im Dezember als unmöglich zu behaupten: dasselbe würde nunmehr einen Widerspruch gegen jene beiden wissenschaftlich begründeten Erfahrungssätze bilden. Zwar vermag ich mir auch jetzt noch eine deutliche Vorstellung von einem Blühen der Bäume im Winter insofern zu bilden, als ich in meiner Einbildungskraft das Bild einer Schneelandschaft, mit dem leuchtenden Grün der Büsche und Bäume untermischt. sehr wohl entwerfen kann; aber diese Vorstellung eines blühenden Winters ist eben auch nur ein blosses Mosaikbild meiner Phantasie. keineswegs ein widerspruchsfreier Begriff meines Verstandes. —

Der zweite Beweis verläuft in folgender Richtung: Die Erscheinungen, die uns in der Erfahrung begegnen, können zwar äusserlich, nach ihren »sinnlichen Eigenschaften«, einander ähulich sein; aber daraus folgt noch nicht die Identität der ihre Wirkungsweise bedingenden »inneren«, »verborgenen Eigen-

schaften« oder »Kräfte«. Es liegt daher kein Vernunftgrund
zu dem Schlusse vor, »dass gleiche Wirkungen aus äusserlich
gleichen Ursachen hervorgehen werden«. Folglich ist es auch
nicht die Vernunft, die solche Schlüsse hervortreibt. —
Trotz unserer »Unkenntniss der natürlichen Kräfte und Principien
setzt man bei Wahrnehmung gleicher Eigenschaften immer die
gleichen verborgenen Kräfte voraus und erwartet den Eintritt
von Wirkungen, welche den früher wahrgenommenen gleichen.
Wenn eine Sache von gleicher Farbe und Beschaffenheit mit dem
früher gegessenen Brode uns geboten wird, so wiederholen wir
ohne Bedenken den Versuch und erwarten mit Gewissheit
gleiche Ernährung und Erhaltung«. (S. 32 f.) — »Das früher
verzehrte Brod hat mich ernährt, d. h. ein Körper von diesen
sinnlichen Eigenschaften war zu dieser Zeit mit dieser verborgenen Kraft ausgerüstet; folgt aber daraus, dass ein anderes
Brod zu anderer Zeit mich ebenfalls ernähren muss und dass
die gleichen sinnlichen Eigenschaften mit gleichen geheimen
Kräften immer verbunden sind?« —
    Wir unsrerseits fragen: vermag diese Darlegung den Satz
zu begründen, der doch hier begründet werden soll, den Satz
nämlich, dass »die Schlüsse aus der Erfahrung sich nicht auf
Vernunft oder einen Vorgang innerhalb des Denkens stützen?«
In der That macht dieselbe mehr den Eindruck eines nicht ganz
ungeschickten Sophismas, als den eines aus der Tiefe der Sache
herausgehobenen Beweises. Sie zeigt im Grunde nichts Anderes,
als dass kein Vernunftgrund uns dazu berechtigt, äusserlich ähnliche Ursachen auch als wesensgleich zu setzen. Wenn wir
diesem Satze aber auch beistimmen, so vermag er uns doch nicht
zur Aufgabe der Ansicht zu zwingen, dass die Schlüsse von der-
gleichen ähnlichen Ursachen auf ähnliche Wirkungen durch Vernunft vermittelt werden. Solche Schlüsse würden ja überhaupt
erst in dem Punkte einsetzen, wo die Identifikation der Ursachen
bereits vollzogen ist, um nicht aus ihrer Aehnlichkeit, sondern
aus eben ihrer, mit Recht oder Unrecht gesetzten Gleichheit
auch eine gleiche Wirkungsweise zu folgern. Hume's Nachweis
vermag dieser Ansicht gegenüber nur die Unsicherheit der Prämissen darzuthun, auf welche die Vernunft hier ihre, nach dem
Princip der Identität vollzogenen Schlussfolgerungen stützt; um
dieselbe aber zu widerlegen, wäre erst noch eine besondere
Beweisführung erforderlich gewesen, welche in das Innere jenes
geistigen Vorgangs eingedrungen wäre. Hume aber meint einer
solchen nicht mehr zu bedürfen: indem er uns gezeigt, dass kein
Vernunftgrund uns zu der Gleichsetzung äusserlich ähnlicher
Ursachen bestimmen könne, will er uns zugleich davon überzeugt
haben, dass die Folgerung gleicher Wirkungen aus ähnlichen
Ursachen überhaupt ganz ohne Mitwirkung des logischen Denkens

sich vollziehe! Ob Hume wohl selbst von der Beweiskraft dieses Argumentes überzeugt war? Hume's Absicht wenigstens geht darauf hinaus, zu zeigen, dass solche Schlüsse von ähnlichen Ursachen auf ähnliche Wirkungen überhaupt gar nicht die Mittelglieder durchlaufen, welche zu einem logischen Vernunftschluss erforderlich wären. Im positiven Theile seiner Argumentation unternimmt er dem entsprechend den Nachweis, dass dabei der Geist direkt von der gegebenen Erscheinung zu der Vorstellung ihrer Ursache übergeht; man soll es lediglich mit einer unmittelbaren Ideenverbindung zu thun haben, die, nachdem wir einmal durch die Erfahrung daran gewöhnt worden sind, beider Vorstellungen in nächster Aufeinanderfolge uns bewusst zu werden, nunmehr. in jedem Falle, wo die erste derselben wieder uns gegeben wird, auch die zweite wiederum mechanisch folgen lässt. Man kann diesem Nachweise Scharfsinn und Klarheit nicht absprechen, und doch muss man auch gegen ihn den Vorwurf der Einseitigkeit wieder geltend machen.

Allerdings mag es solche rein mechanisch sich vollziehenden Schlüsse geben; ja, wir wollen gerne einräumen, dass sogar die grosse Mehrzahl unserer Folgerungen im alltäglichen Leben an der Hand des Gewohnheitsprincipes verläuft. Auch Humes grosser Antipode Leibnitz stimmt im Wesentlichen hierin mit ihm überein, indem er die Erwartungen ähnlicher Fälle unter ähnlichen Umständen, nicht allein bei den Thieren, sondern auch bei den Menschen, auf blosse Ideenassociationen zurückführt. Er nennt solche Erwartungen »empirische Folgerungen« *(consecutiones empiricae)*. Aber es sind dies eben auch nur die Schlüsse des von der Gewohnheit thatsächlich beherrschten Alltagslebens. »Der Mensch«, erklärt Leibnitz, »soweit er nicht empirisch, sondern vernünftig handelt, traut nicht blossen Erfahrungen und Inductionen von Einzelfällen *a posteriori*, sondern schreitet *a priori* durch Gründe weiter.« Diese »rationalen« Schlüsse gelten ihm für »himmelweit verschieden« von jenen instinktiven Folgerungen der Thiere und Gewohnheitsmenschen.[86] Und in der That beruhen unsere vernünftigen Ueberlegungen, in erster Linie alle unsere wissenschaftlichen Schlüsse, auf einer von blosser Ideenassociation durchaus verschiedenen Grundlage. Schon der einfache Schluss von ähnlichen Ursachen auf ähnliche Wirkungen geht hier nicht direkt von der Einzelvorstellung der einen zu der der anderen über, sondern durchläuft ein Mittelglied von allgemeiner Natur, nämlich die Vorstellung des Gesetzes, welches die Wirkungsweise aller einzelnen Dinge derselben Gattung allgemein bestimmt; indem der wissenschaftliche Verstand unter dieses allgemeine Gesetz die vorliegende einzelne Ursache subsumirt, leitet er für sie die in demselben

festgesetzte Wirkung *a priori* ab. Vergl. S. 65 uns. Abh.
Auch jenen komplicirteren Process des wissenschaftlichen Erkennens, der aus der Kombination mehrerer Gesetze ein bisher
noch nicht bekanntes Gesetz gewinnt und so unsern Wissensschatz thatsächlich erweitert, haben wir dort bereits der Hauptsache nach besprochen. — Auch für den positiven Theil der
Hume'schen Argumentation haben wir demnach eine Analyse
eben dieses, unsere Erwartungen kommender Ereignisse aus
Gründen herleitenden Verfahrens zu fordern, und wenn dieselbe
auch hier unserer Forderung nicht genügt, so leistet sie thatsächlich überhaupt nicht das, was sie leisten will und auch zu
leisten vermeint, nämlich die Begründung der These: »alle
Schlüsse auf Grund der Erfahrung sind Wirkungen
der Gewohnheit und nicht [des Verstandes.« Der Satz
kann höchstens für die Schlüsse des alltäglichen Lebens, die
Hume bei seiner Beweisführung einzig berücksichtigt, als bewiesen gelten; aus dem Gebiete der wissenschaftlichen Erkenntniss, das von jeher als das eigentliche Feld der Vernunftthätigkeit gegolten, vermag sie dieselbe nicht auszuschliessen.

Für die Beurtheilung dieser wissenschaftlichen Erkenntniss
ist die Hume'sche Untersuchung thatsächlich nur insofern von
Bedeutung, als sie die relative Unsicherheit und Ungewissheit der
Induktionen darlegt, auf deren Grundlage sie sich erhebt. Die
letzten Sätze, bis zu denen wir unsere Erkenntniss zurückführen
können, sind in der That aus der Erfahrung abgezogen und ihr
Gegentheil kann niemals durch Vernunftgründe ausgeschlossen
werden. Mögen sie daher auch für den Forscher selbst durch
die *a posteriori* sich erweisende Uebereinstimmung der aus ihnen
hergeleiteten Konsequenzen mit den wirklichen Naturbegebenheiten eine der mathematischen Evidenz fast gleiche Ueber-
zeugungskraft erhalten — den skeptischen Einwürfen des Pyrrhonismus, die mit ihnen selbst zugleich das gesammte, auf sie
gestützte System angreifen, vermögen sie theoretisch Nichts ent-
gegenzusetzen, und Hume hat in diesem Sinne freilich Recht,
wenn er den Standpunkt des Pyrrhonianers für unwiderlegbar
erklärt. (S. 144 f.) Aber mit alle dem liefert er hier doch
schliesslich eben nichts weiter als ein — keineswegs reiches —
Material zu einer Kritik des induktiven Verfahrens,
während ihm sein Thema eine Prüfung der Deduktion, als des
eigentlichen Schwerpunktes wissenschaftlicher Thätigkeit zur
Pflicht machte.

Uebrigens ist Hume durchaus nicht gewillt, die Haltlosigkeit und Unsicherheit der Erfahrungssätze als feststehendes
Resultat seiner Kritik hinzustellen und zu verfechten; wenn er
auch, wie erwähnt ward, den Pyrrhonismus für theoretisch
unantastbar hält, so pflichtet er ihm doch persönlich keineswegs

bei. Bereits zu Anfang unseres Kapitels haben wir auf die positive Tendenz der Humeschen Untersuchung hingewiesen. Die Skepsis ist für dieselbe in der That nur ein Durchgangspunkt, ein methodisches Mittel, um aus aller Unsicherheit heraus zur festen Erkenntniss der Wahrheit zu gelangen. »Der Akademiker spricht immer vom Zweifel, vom Zurückhalten des Urtheils, von der Gefahr voreiliger Entschlüsse, von enger Begrenzung der Untersuchungen des Verstandes und von Abweisung aller Spekulationen, die nicht innerhalb der Grenzen des gewöhnlichen Lebens und Handelns sich halten.« Seine Philosophie »unterdrückt jede Leidenschaft, mit Ausnahme der Liebe zur Wahrheit, und diese Leidenschaft ist und kann nie auf einen zu hohen Grad getrieben werden.« (S. 39). Wenn er, von dieser Wahrheitsliebe gedrängt, auf die Unsicherheit der Erfahrungssätze hinweist, so geschieht dies nur, um zu zeigen, dass die Vernunft ihnen die nöthige Festigkeit nicht zu geben vermöge; die Erkenntniss dieses ihres Unvermögens, das sie schon innerhalb der Grenzen der Erfahrung aller Skepsis gegenüber ohnmächtig macht, soll uns zum Bewusstsein bringen, wie wenig sie jenseits dieser Grenzen irgend welche sichere Erkenntniss zu gewinnen im Stande sei. »Wir können keinen genügenden Grund dafür angeben, wesshalb wir nach tausend Proben glauben, dass der Stein fallen und das Feuer brennen wird; wie können wir daher hoffen, irgend eine zufriedenstellende Erkenntniss über den Ursprung der Welt und den Zustand der Natur von Anfang bis in alle Ewigkeit zu erreichen?« (S. 150). Indem die Skepsis diese Ohnmacht der Vernunft an's Licht zieht, will sie daher keineswegs das Leben und die Wissenschaft ihrer festen Stützen berauben: »Man braucht nicht zu fürchten, dass diese Philosophie, welche unsere Untersuchung auf das gewöhnliche Leben zu beschränken sucht, die Grundlagen dieses Lebens unterwühlen und dass sie ihre Zweifel so weit treiben könnte, um alles Handeln, wie Forschen zu zerstören«. Sie will nur an die Stelle der bisher so blind verehrten und mit Unrecht vergötterten Vernunft »ein anderes Princip von gleichem Gewicht und Ansehen« setzen, nämlich das der Erfahrung. Die Wissenschaft, und vor Allem die Philosophie soll von den haltlosen Spekulationen auf den festen Boden der Thatsachen zurückgeführt werden, um auf diesem Grunde zu einem soliden Gebäude sich gestalten zu können. Es geschieht daher durchaus im Sinne dieser positiven Tendenz, wenn Hume, ohne durch die »übertriebenen Grundsätze des Skepticismus« sich beeinflussen zu lassen, die Sätze der Erfahrung, trotz ihres Mangels einer rationellen Begründung, doch für »gewisse, sichere Gründe« erklärt; sie sind nach S. 53* derartig, dass sie »keinen Raum für Zweifel oder Bedenken übrig lassen«. Gewähren sie auch keine mathematische, so doch eine >moralische Gewissheit«; sie erzeugen somit zwar kein »Wissen«, wie die geometrischen Deduktionen, wohl aber einen »Glauben«, dessen Festigkeit kein Skeptiker zu erschüttern vermag.[87])

Auch dürfen wir Humes Kritik nicht etwa so auffassen, als ob sie innerhalb des Gebietes der Thatsachen alles vernünftige Denken überhaupt aufheben wollte; sie spricht in erster Linie der Vernunft nur die Fähigkeit ab, unsere Erkenntniss in Bezug auf Thatsachen irgendwie zu erweitern. Dieselbe soll nicht im Stande sein, irgend welche, uns bisher noch unbekannte Wahrheiten zu unserem *a posteriori* angesammelten Wissensmateriale hinzuzufügen. Ihre Leistungen beschränken sich nämlich nach Humes Ansicht lediglich auf eine Vergleichung dieses Materiales, um die unter ihm entdeckten Gleichartigkeiten auf gemeinsame Principien zu bringen und so die empirisch gewonnenen Daten immer weiter zu verallgemeinern. »Alles, was anerkanntermassen die Vernunft vermag, ist, die für die einzelnen Erfahrungen geltenden Regeln auf eine grössere Einfachheit zurückzuführen und die vielen besonderen Wirkungen aus wenigen allgemeinen Ursachen abzuleiten und zwar mit Hülfe der Analogie, Erfahrung und Beobachtung«. (S. 30).[88]) Dabei ist aber auffallend, wie behutsam auch diese Erklärung jede Erwähnung eines eigenthümlich logischen Momentes umgeht. Analogie, Erfahrung und Beobachtung sollen auch die vernünftige Verarbeitung des empirischen Materiales leiten und bestimmen; von einer, nach dem Principe der Identität und des Widerspruchs sich vollziehenden und somit im Wesen der Vernunft selbst begründeten Deduktion ist keine Rede. Sie spielt nach Hume in Bezug auf Thatsachen überhaupt keine selbstständige Rolle.

Aus alle diesem ergiebt sich, wie wenig Hume in die eigenthümliche Natur des logischen Erkenntnissprocesses eingedrungen ist. Sein fast fanatischer Eifer gegen die Vernunft führt ihn nicht nur dazu, alle Fähigkeit für Erweiterung unserer Erkenntniss ihr abzusprechen, sondern verblendet ihn auch gegen diejenige Leistung derselben, die überhaupt erst einer jeden Wissenschaft ihren festen Halt giebt, nämlich die logische Begründung der Erfahrungsdaten. Sahen wir doch, wie er den Erfahrungssätzen insgesammt den Charakter einer das Gegentheil ausschliessenden Nothwendigkeit schlechtweg absprach. Seinen »Glauben« an die Sicherheit und Gewissheit derselben vermag er dem entsprechend auch auf nichts Anderes zu stützen, als auf die immer wiederholte Beobachtung, dass der Gang der Erscheinungen mit der mechanischen Association unserer Ideen sich bisher durchweg in Einklang gezeigt hat. Die Erfahrung hat uns bisher »eine Art vorausbestimmter Harmonie zwischen dem Lauf der Natur und der Folge unserer Vorstellungen bemerken lassen (S. 52); auf Grund dieser Erfahrung dürfen wir daher auch für die Zukunft wohl eine solche Uebereinstimmung erwarten — dieser Analogieschluss bildet das alleinige Fundament für die Gewissheit der Erfahrungswissenschaft im Sinne der Hume'schen Methodenlehre. — Dass freilich ohne die Voraussetzung einer prästabilirten Harmonie zwischen Denken und Sein eine Erkenntnisstheorie überhaupt nicht zu bestehen vermag, haben wir bereits im vorigen Kapitel (S. 15) gesehen; dort aber trug diese Voraussetzung den Charakter einer einzigen, allgemeinen Grundannahme; sie ist dort nichts Anderes, als das Eine, unumgängliche Postulat aller Wissenschaft überhaupt, dass nämlich auch das Sein durchweg logisch geordnet sei. Dies vorausgesetzt, ergiebt sich nunmehr jede einzelne Uebereinstimmung unserer Vernunftdeduktionen mit den Thatsachen mit absoluter Nothwendigkeit, falls nur ihre obersten Prämissen und Mittelglieder richtig sind. Dies Letztere wird freilich niemals apodiktisch bewiesen und somit immer Sache des Glaubens bleiben müssen; aber deswegen ist nicht auch die Richtigkeit jedes einzelnen Satzes im Innern des Systemes selbst nur wieder blosse Glaubenssache; hier herrscht vielmehr das Wissen, da der Zusammenhang der Sätze untereinander logischer Natur ist und somit alles Anderssein *a priori* ausschliesst: vorausgesetzt, dass jene obersten Prämissen des Systemes mit der Wirklichkeit übereinstimmen, so glaube ich nicht, sondern weiss ich, dass alle einzelnen Sätze desselben objektive Gültigkeit besitzen. Mag daher auch an jenen äussersten Enden der Wissenschaft die Skepsis sich festsetzen und mit ihnen zugleich das ganze Gebäude selbst für zweifelhaft und hinfällig erklären — in's innere Gefüge desselben vermag sie nicht einzubrechen, weil es durch die eisernen Klammern der Logik zusammen gehalten wird, deren Macht auch der ärgste Pyrrhonianer anerkennen muss, falls er nicht selbst des Anspruchs, seine Einwürfe auf Gründe zu stützen, sich begeben und seine eigene Waffe von sich werfen will. Nur auf diese logische Thätigkeit der Vernunft kann eine objektive Wissenschaft gegründet werden; nur sie allein befähigt den Menschen, im Gegensatz zum Thier, die Zukunft nicht instinktmässig zu erwarten, sondern mit Sicherheit vorauszusagen (vergl. Anm. 59a). Indem aber Hume's Theorie gerade die logische Begründung aus der Erfahrungswissenschaft ausschliesst, hebt sie diese letztere selber im Principe auf. Ein jeder einzelne Satz ist nunmehr lediglich Sache des Glaubens und damit zugleich ein schutzloses Opfer der Skepsis. Sie birgt somit Konsequenzen in sich, die selbst über die »auf's Aeusserste getriebenen Grundsätze« des Pyrrhonianers noch weit hinausgehen. Sind Sätze in Bezug auf Thatsachen nicht logisch zu begründen, so lässt sich über sie auch niemals eine endgültige Entscheidung treffen; selbst ein Streit über deren Richtigkeit und Falschheit würde ein Unverstand sein und es ergäbe sich als letzte Konsequenz schliesslich der verzweifelte Standpunkt jenes alten Sophisten, der, im Gefühle der Eitelkeit alles Denkens und Diskutirens, auf die an ihn gestellten Fragen nur mit einer nichtssagenden, mechanischen Bewegung seines Fingers antwortete. Wie wenig daher Hume's Absicht auch auf eine Untergrabung aller Wissenschaft ausgeht, leugnen lässt es sich nicht, dass die schroffen Hauptthesen seiner Theorie ein solches Ergebniss unerbittlich herbeiführen.[89])

Uebrigens widerlegt er diese seine Theorie auch selbst schon durch die Praxis seines eigenen Verfahrens. Seine ganze Untersuchung ist ja selbst nichts Anderes, als eine logische Verarbeitung des Materiales, das er aus der Beobachtung und Analyse unseres Erkenntnissvermögens gezogen. Und zwar handelt es sich dabei nicht etwa nur um eine Vereinfachung und Verallgemeinerung von Induktionen, sondern um Deduktion des durch Erfahrung bisher noch keineswegs festgestellten Satzes, dass die Vernunft *a priori* unsere Erkenntniss nicht zu erweitern vermöge; es handelt sich hier also gerade um eine sehr wesentliche, für das Schicksal der gesammten Philosophie höchst bedeutsame Erweiterung unserer Erkenntniss. Und wenn Hume im weiteren Verlaufe seiner Untersuchung nach klaren Definitionen sucht, in welcher andern Absicht geschieht es, als um Schlüsse daraus zu ziehen, die unsern Wissensschatz positiv bereichern? So bedient er sich, wie wir sogleich betrachten werden, der Definition des ursachlichen Zusammenhanges, um mit ihrer Hülfe den Streit über die Freiheit des Willens zur Entscheidung zu bringen.

Dies Alles ändert nun aber doch nichts an der Thatsache, dass Hume persönlich die Ansicht vertritt, auf Grund seiner bisher von uns verfolgten Analyse und Kritik des theoretischen Vermögens die Thätigkeit der Vernunft aus dem Processe des ursachlichen und somit alles thatsächlichen Erkennens überhaupt eliminirt zu haben. In diesem Sinne heisst es S. 44: »Was ist nun das Endergebniss von alledem? ein einfacher Satz, der allerdings den gewöhnlichen Lehren der Philosophie ziemlich fern steht: Aller Glaube an Thatsachen oder wirkliches Dasein beruht auf einem Gegenstand, der dem Gedächtniss oder Sinnen gegenwärtig ist, und auf einer gewohnheitsmässigen Verknüpfung zwischen diesem und andern Gegenständen.« Dieser Satz aber besagt für uns schlechtweg: Alle Erkenntniss des Seins ist einzig durch Erfahrung möglich; Vernunfterkenntniss von Thatsachen ist ein Unding! —

Das eigentliche Kernproblem der Untersuchung ist damit aufgelöst und mit ihm zugleich denn auch das Schicksal einer auf Erkenntniss von »Thatsachen« abzielenden Metaphysik entschieden. Da Hume in dieser aber die Summe aller Metaphysik überhaupt erblickt, so dürfte man demnach erwarten, dass er nunmehr sein gewonnenes Resultat sogleich auf diesen besonderen Fall anwenden werde, um die gesammte philosophische Spekulation mit einem Schlage zu vernichten. Er thut aber diesen Schritt noch nicht. Und zwar nicht etwa, weil er die bisher herbeigezogenen Argumente noch nicht für genügend erachtete: es wird sich im Gegentheil später zeigen, dass er lediglich auf diese sein schliessliches Verdammungsurtheil gründet. Was die Untersuchung hier noch eine Zeit lang aufhält und plötzlich gleichsam in ein ganz neues Geleise bringt, ist vielmehr eine Reflexion ganz anderer Art.

Wir dürfen nämlich die den Gang der Untersuchung über den menschlichen Verstand leitenden Motive Hume's nicht zu einseitig auffassen. Allerdings ist, wie zu Anfang unseres Kapitels hervorgehoben wurde, der Sturz der Metaphysik als Begriffswissenschaft der eigentliche Hauptzweck der Abhandlung. Aber er ist keineswegs ihr einziger Zweck. Mit demselben verbindet sich vielmehr die weitere Absicht, zur Förderung jener wahren Philosophie, der Hume in der ersten Abtheilung unter der Bezeichnung »Metaphysik« ein so günstiges Prognostikon gestellt hatte, selbst unmittelbar beizutragen. Wie bereits hervorgehoben wurde, bildet ja eben die Begründung dieser Wissenschaft den letzten positiven Endzweck Hume's. Daher kommt es, dass er sie im Fortgange seiner Untersuchung auch nicht aus dem Auge verliert, vielmehr durch gelegentliche Erörterungen mannigfacher Art auch positiv zu bereichern sucht. Hierzu gehört nun aber ganz besonders das Bestreben, einem Mangel abzuhelfen, der, wie er mehrfach hervorhebt, viele Irrthümer und Streitigkeiten in der Philosophie verursacht hat: es ist dies die auf diesem Gebiete herrschende Dunkelheit der Begriffe, die Mangelhaftigkeit und Unrichtigkeit ihrer Definitionen. Würde man — so erklärt er — an ihre Stelle klare Begriffe und scharfe, richtige Definitionen setzen, so würde man im Stande sein, eine grosse Anzahl von Dunkelheiten aufzuhellen und Streitigkeiten zu schlichten, die gegenwärtig noch das Gebiet der Metaphysik verfinstern und verheeren. [90]) Die Absicht, auch nach dieser Seite hin die Wissenschaft zu fördern, veranlasst ihn jetzt zu einer wichtigen Abschweifung von dem eigentlichen Hauptthema. Nachdem er nämlich die Untersuchung über die Erkenntniss von Ursache und Wirkung im Wesentlichen erledigt hat, fasst er jetzt diesen Begriff selbst in's Auge, um die besonders ihm noch anhaftenden Dunkelheiten aufzuhellen und durch Aufstellung einer klaren Definition ein helleres Licht in die um ihn sich herumlegenden metaphysischen Probleme fallen zu lassen. »Die Metaphysik«, heisst es in Abth. VII. (S. 57), »hat keine dunkleren und unsicherern Begriffe, als die der Macht, der Kraft, der Wirksamkeit oder nothwendigen Verbindung, von denen man bei jeder Untersuchung fortwährend Gebrauch machen muss. Ich werde desshalb in dieser Abtheilung so viel als möglich die genaue Bedeutung dieser Worte zu bestimmen suchen, um damit einen Theil der Dunkelheit zu beseitigen, über welchen man in diesem Theile der Philosophie so viel klagt.« Die Bedeutung dieser Begriffe aber kann, wie Hume erklärt, nur dadurch sicher festgestellt werden, dass man sich über ihren Ursprung genaue Rechenschaft ablegt. Auf diese Weise wird nun wirklich der Ursprung der Kausalbegriffe oder vielmehr eines derselben, nämlich der der ursachlichen Verknüpfung zwischen Antecedens und Konsequens, zum besonderen Gegenstande einer eingehenden Untersuchung. (S. 58.) Aber dieser Exkurs ist damit doch keineswegs gegen die Grundlagen der spekulativen Philosophie gerichtet; vielmehr zeigt ja schon die eben gegebene Entwickelung, dass er einer ganz andern Absicht dient. In der That handelt es sich dabei aber auch gar nicht einmal um die Frage, die für die spekulative Philosophie allein eine fundamentale Bedeutung haben könnte, ob nämlich der zu untersuchende Begriff aus der Vernunft oder aus der Erfahrung stamme; vielmehr wird gleich beim Beginne der Untersuchung (S. 58) vorausgesetzt, dass diese Frage durch die empiristischen Erörterungen der Einleitung bereits endgültig entschieden sei, indem gesagt wird: »der Satz wird nicht bestritten werden, dass alle unsere Begriffe nur Abbilder der Eindrücke sind« etc. »Kein Denken«, heisst es kurz und entschieden in einer bald darauf folgenden Anmerkung, »kann eine neue ursprüngliche einfache Vorstellung zuführen«. Was hier beabsichtigt wird, ist in der That etwas ganz Anderes, als eine Widerlegung der Apriorität des Kausalbegriffes: es handelt sich nämlich hauptsächlich um eine Berichtigung der durch Locke in seinem »Versuch über den menschlichen Verstand« gegebenen Ableitung dieses Begriffes.

Dieser Philosoph, der in der That auch als der Begründer
der neueren Erkenntnisswissenschaft anzusehen ist, schwebte
Hume überhaupt bei Abfassung seiner Schrift als der eigentliche Vertreter der echten, wenn auch noch nicht über die
ersten Entwickelungsstufen emporgehobenen Metaphysik vor
Augen; schon in der einleitenden Erörterung über die verschiedenen Arten der Philosophie erscheint derselbe als Repräsen-
tant der strengen Philosophie, die hier allerdings nicht der
Spekulation, sondern jener leichten, populären Behandlungsweise
philosophischer Stoffe gegenüber gestellt wird, wie sie z. B.
Cicero und La Bruyère geübt haben;[91]) aber auch im
Verlaufe der Untersuchung selbst, die sich ja so recht
eigentlich auf dem Boden der »wahren Metaphysik« fort-
bewegt, begegnen wir einer Anzahl von Stellen, welche
deutlich zeigen, wie sehr Hume daran gelegen ist, mit seinem
grossen Vorgänger sich hier auseinanderzusetzen.[92]) Und
zwar empfindet er dieses Bedürfniss um so dringender,
als er denselben trotz aller Achtung, die er ihm wenigstens
indirekt durch die häufige Bezugnahme auf seine Schrift erweist, doch von dem Vorwurfe der »Zweideutigkeit« und »Wort-
klauberei«, die er überhaupt als einen so wesentlichen Mangel
der Philosophie beklagt hat, nicht freisprechen kann.[93]) Es ist
eine Vertiefung und zugleich eine Korrektur der Locke'schen
Erkenntnisstheorie, worauf Hume neben dem Sturze der spekulativen Philosophie bei seiner Untersuchung abzielt. So gestaltet
sich denn auch der uns gegenwärtig beschäftigende Passus über
Ursprung und Bedeutung des Kausalbegriffes zu einer direkten
Polemik gegen Locke, obschon er nicht ausschliesslich darin
aufgeht. Hume zeigt nämlich hauptsächlich, dass Locke bei seiner
Ableitung des Begriffes aus der doppelten Quelle der äusseren und
innern Erfahrung ein höchst wichtiges, konstituirendes Merkmal desselben, nämlich das der nothwendigen Verknüpfung zwischen
Antecedens und Konsequens, ausser Acht gelassen habe. Weder
die äussere Erfahrung noch die Beobachtung des Zusammenhanges zwischen unseren Willensakten und den ihnen folgenden
Veränderungen in Seele und Körper, zeige eine solche nothwendige
Verknüpfung, die als Vorbild für den Begriff selbst hätte dienen
können, und doch müssen wir sie nothwendig in die Definition
desselben aufnehmen. Der Ursprung des Kausalbegriffes muss
daher anders erklärt werden und die tiefbohrende Untersuchung
des 2. Abschnittes sucht eine solche Erklärung jetzt aufzu-
stellen. Bekanntlich leitet sie den Ursprung des Begriffes ab
aus dem Gefühle der Verknüpfung, durch welche zwei, durch
eine Anzahl ähnlicher Fälle als stets mit einander verbunden
erwiesene Gegenstände nunmehr in unserem Vorstellen mit einer
Art psychologischen Zwanges einander associirt werden: »Wenn

aber mehrere gleiche Fälle eintreten, und derselbe Gegenstand immer von demselben Erfolge begleitet ist, so beginnt man den Begriff von Ursache und Wirkung zu bilden. Man fühlt dann einen neuen Eindruck oder Empfindung, und so eine gewohnte Verbindung im Denken und Vorstellen zwischen einem Gegenstand und seinem gewöhnlichen Begleiter. Und diese Empfindung ist das Urbild zu dem Begriff.«[94])

Durch diesen Nachweis glaubt Hume nicht allein eine richtige Ableitung des Kausalbegriffes sondern zugleich auch – und zwar gerade durch Aufnahme des Merkmals der nothwendigen Verknüpfung — eine Definition desselben gewonnen zu haben, welche eine Anzahl wichtiger, metaphysischer Streitfragen zu schlichten im Stande ist. Und so kommt es, dass, wie um eine Probe hiervon zu geben, unmittelbar an diese Abtheilung sich eine Erörterung über Freiheit und Nothwendigkeit anschliesst, in welcher Hume die schon so viel hin und her geworfene Frage über die Freiheit des menschlichen Willens auf Grund der soeben aufgestellten Definition des Kausalbegriffes endgültig zu entscheiden unternimmt. Nichts geschieht ohne Ursache; eine jede Ursache aber zieht ihre Wirkung mit Nothwendigkeit nach sich; folglich sind auch die menschlichen Willensäusserungen durch ihre Antecedentien mit Nothwendigkeit bestimmt und also nicht frei — dieser Schluss bildet die Quintessenz der scharfsinnigen Auseinandersetzung von Abth. VIII. So heisst es S. 88, nachdem als allgemein zugestanden der Satz hingestellt ist, »dass nichts da ist ohne Ursache für sein Dasein«, folgendermassen weiter: »Aber man behauptet, bei gewissen Ursachen, dass sie nothwendig seien, und bei andern, dass sie es nicht seien. Hier zeigt sich nun der Nutzen der Definitionen. Man möge nur eine Ursache definiren, ohne die nothwendige Verknüpfung mit der Wirkung als einen Theil der Definition darin aufzunehmen.« — »Wenn man aber die oben gegebene Definition anerkennt, so ist die Freiheit, als Gegensatz der Nothwendigkeit und nicht des Zwanges, dasselbe wie Zufall, von dem man allgemein anerkennt, dass er nicht besteht« (cf. S. 80).

Es ist von besonderer Wichtigkeit, sich in Betreff des Zweckes des soeben behandelten Exkurses. über Ursprung und Bedeutung des Kausalbegriffes, und seiner Stellung zur eigentlichen Hauptfrage, zur Frage nach der Möglichkeit einer spekulativen Philosophie, ein klares Urtheil zu bilden. Man hat nämlich gerade in diesem Punkte Hume vielfach missverstanden. So hat man ihm die Absicht untergeschoben, als wolle er durch seine Kritik des Kausalbegriffes die Berechtigung und Anwendbarkeit desselben anfechten, eine Interpretation, die bereits Kant den schottischen Gegnern unseres Philosophen mit Recht als irrig vorgeworfen hat. Man braucht in der That nur mit einiger Aufmerksamkeit dem Gange der Untersuchung zu folgen, um die Einsicht zu gewinnen, dass es Hume auf einen skeptischen Angriff gegen den Kausalbegriff ganz und gar nicht ankommt. Vielmehr erkennt er selbst nicht nur durch den eigenen Gebrauch, sondern auch theoretisch die objektive Gültigkeit desselben, sowie des allgemeinen Gesetzes, dass alle Erscheinungen durch ihre Antecedentien nothwendig bedingt sind, offen an. Auf der ausnahmslosen Gültigkeit dieses Satzes beruht ja sein Beweis für die Nothwendigkeit der menschlichen Handlungen, und aus demselben Grunde schliesst er Zufall und Wunder (cf. Abth. X) aus dem Kreise der Begebenheiten aus.[95]) Wenn er es sich auch angelegen sein lässt, nachzuweisen, dass weder die äussere noch die innere Erfahrung die nothwendige Verknüpfung der Thatsachen uns zeige, so will er damit nur eben darthun, dass wir aus dieser Quelle unsern Begriff nicht gezogen haben können, sondern einzig dem Eindrucke nachgebildet haben, den die häufig bemerkte Aufeinanderfolge von Thatsachen in unserm Vorstellungsvermögen hervorgerufen hat: keineswegs aber denkt er hier daran, die Nothwendigkeit solcher Aufeinanderfolge zu leugnen. Ja, nicht allein, dass Hume die objektive Realität des Kausalbegriffes innerhalb des Erfahrungskreises in keiner Weise angreift — sondern selbst die transcendente Anwendung desselben lässt er zu. Den schlagendsten Beweis dafür giebt eine Stelle aus seinen Gesprächen »über die natürliche Religion,« wo er selbst (in der Person des Philo) sich des Kausalbegriffes in transcendenter Weise bedient, um den kosmologischen Beweis vom Dasein Gottes als des höchsten, ursächlichen Principes zu entwickeln, und dann fortfährt: »Wer diese Grundwahrheit bezweifelt, verdient jede Strafe, welche unter Philosophen auferlegt werden kann, nämlich Verspottung, Verachtung und die höchste Missbilligung«[96]). Doch auch die Untersuchung selbst zeigt deutlich, dass Hume gegen diesen transcendenten Gebrauch an sich gar nichts einzuwenden hat; wie wir bald nachher sehen werden, lässt er sowohl den Begriff einer schöpferischen Welturus ache, als auch den eines unsere Vorstellungen verursachenden, hinter der Erscheinung verborgenen »Dinges an sich« unangefochten, und wenn er nichtsdestoweniger unsere Erkenntniss auf den Erfahrungsbereich einschliesst, so geschieht dies nur deswegen, weil wir nach seiner Lehre die letzten Ursachen ihrem Wesen und ihren Eigenschaften nach nicht zu erfassen vermögen: der Begriff bleibt hier, obwohl an und für sich zulässig, doch jedes Erkenntnissinhaltes baar und hat daher für den Metaphysiker keinen Werth (vergl. Gespräche über d. nat. Relig. l. c.).

Aus seiner empiristischen Ableitung des Kausalbegriffes zieht Hume also überhaupt gar keine Folgerungen hinsichtlich unserer Erkenntnissfähigkeit, und der mit ihr sich beschäftigende Theil der Untersuchung liegt gänzlich ausserhalb der Entwickelungslinie, welche auf die Lösung der Frage nach der Möglichkeit spekulativer Vernunfterkenntniss hinstrebt. In diese Bahn lenkt Hume vielmehr erst wieder in Abtheilung XI zurück. Zuvor erörtert er, nachdem er in Abtheilung IX noch einmal das Instinktmässige unserer Erfahrungsschlüsse an einer zwischen Mensch und Thier gezogenen Parallele illustrirt hat, in einem eingehenderen Exkurse die damals auf der Tagesordnung stehende Frage »über die Wunder«: an einer so wichtigen Angelegenheit des religiösen Lebens durfte der kritische Philosoph nicht ohne ein entscheidendes Wort vorübergehen. Da diese Erörterung aber so von Gesichtspunkten aus unternommen wird, die in keiner engeren Beziehung zum eigentlichen Hauptzwecke der Untersuchung stehen, so liegt auch eine Analyse derselben ausserhalb der Grenzen unseres Themas. Wir begeben uns daher direkt zu Sekt. XI, um von hier aus den Faden der Hume'schen Kritik bis zu seinem endlichen Verlaufe weiter zu verfolgen.

In dieser, sowie in der darauf folgenden Schlussabtheilung (XII) zieht Hume nämlich jetzt aus den durch seine Untersuchung festgestellten Grundsätzen das vernichtende Facit für die Metaphysik.

Und zwar wird dasselbe für diese Wissenschaft in ihrer Gesammtheit erst im dritten Abschnitte von Abth. XII ausgesprochen; vorher aber soll erst noch die Nichtigkeit einiger besonderer spekulativer Probleme nachgewiesen werden.

Wir sahen bereits, dass Hume mit der Frage nach unserer Erkenntniss von Ursache und Wirkung die Wurzeln des gesammten metaphysischen Problems in Händen zu haben glaubte. Demgemäss bewegt sich nun auch die ganze folgende Erörterung auf der Basis der über jene Frage abgegebenen, empiristischen Entscheidung; ihre Grundlage bildet ausschliesslich der Satz, »dass die Ursachen und Wirkungen nicht durch Vernunft, sondern nur durch Erfahrung erkennbar sind«. Schon in Abth. IV (S. 30) hatte Hume aus diesem Satze die Folgerung gezogen, dass die Erkenntniss der letzten Ursachen der Erscheinungen, da diese dem Erfahrungsbereiche entzogen sind, auch dem menschlichen Wissen verschlossen bleiben und daher von keinem vorsichtigen und bescheidenen Philosophen angestrebt werden müsse. (s. S. 64 u. Abh.) Im Sinne dieser Schlussfolgerung verläuft nun auch die kritische Polemik der XI. und XII. Abtheilung (Abschn. 1). Es handelt sich nämlich um den Nachweis, dass weder der Versuch, aus der in der Welt sich manifestirenden Güte und Zweckmässigkeit das Dasein eines allgütigen und allweisen Wesens zu erschliessen, noch das Bestreben aus den, unserem

Bewusstsein gegenwärtigen Perceptionen die Existenz absoluter, von unserem Bewusstsein unabhängiger Gegenstände (als Ursachen der Perceptionen) zu beweisen, zum erwünschten Ziele zu führen vermag.

In beiden Fällen kommt es auf die Erkenntniss von Ursachen an, deren Wirkungen uns allerdings gegeben, die aber selber dem Bereiche der Erfahrung entzogen sind. Freilich dürfen wir annehmen, dass sowohl für die Güte und Weisheit der Welteinrichtung, als auch für unsere Wahrnehmungen ursachliche Principien vorhanden sein müssen; aber die Eigenschaften derselben können uns weder durch Erfahrung noch durch Vernunft geoffenbaret werden, und unsere Begriffe von ihnen bleiben daher völlig leer und werthlos. Höchstens könnte es gestattet sein, der Welturache ein solches Mass von Weissheit und Güte beizulegen, als wir in der Welt selbst antreffen; auch dies würde nur vermittelst eines Analogieschlusses geschehen können, gemäss welchem wir jene Ursache nach dem Vorbilde des schaffenden Menschengeistes als ein mit Willen und Ueberlegung ausgerüstetes, persönliches Wesen auffassen, ein Schluss für den weder die Vernunft noch die Erfahrung genügende Beweise aufzubringen haben. Jedenfalls aber ist der Schluss auf ein diese Eigenschaft im vollkommenen Masse besitzendes Wesen und die Ableitung neuer, uns bisher noch nicht bekannter Wirkungen aus eben diesem so erschlossenen Begriffe eines vollkommenen Wesens gänzlich unerlaubt. »Wird die Ursache nur aus der Wirkung abgeleitet, so darf man ihr nie mehr Eigenschaften zutheilen, als zur Hervorbringung der Wirkung gerade nothwendig ist, und ebensowenig darf man nach den Regeln der gesunden Vernunft nun wieder von der Ursache ausgehn und ihr Wirkungen zuschreiben, die über die uns bekannten hinausgehen«. Der Begriff eines solchen Wesens, nennt ihr es nun Gott oder Jupiter, ist nichts, als ein »Sprössling eures Gehirns«, eine »religiöse Hypothese«, aus der »keine neue Thatsache gefolgert, kein Ereigniss vorhergesehen und vorher verkündet, keine Strafe oder Belohnung gefürchtet oder gehofft werden kann über das hinaus, was Erfahrung und Beobachtung ergeben.« — Ganz ähnlich verhält es sich mit der Erkenntniss der unsere Wahrnehmungen verursachenden Principien. »Mit welchem Grunde kann bewiesen werden, dass die Vorstellungen der Seele die Wirkungen äusserer Gegenstände seien, die zwar ganz verschieden von ihnen, doch ihnen gleichen (wenn dies möglich ist), und dass sie weder aus der Wirksamkeit der Seele selbst, noch aus der Zuführung eines unsichtbaren und unbekannten Geistes, oder aus irgend einer andern uns noch nicht bekannten Ursache entspringen?« Obwohl wir also schliessen müssen, dass irgend eine Ursache dafür vorhanden ist, so können wir doch ihr Wesen niemals erkennen. Zu einer solchen Erkenntniss würde nur Erfahrung uns führen können; aber diese reicht nicht über den Umkreis des Bewusstseins hinaus und kann daher auch nicht zu den jenseits desselben gelegenen Ursachen seiner Vorstellungen gelangen. »Die Seele hat immer nur die Vorstellung gegenwärtig und kann nie deren Verknüpfung mit den Gegenständen durch Erfahrung erreichen.« Daher ist denn auch der idealistische Standpunkt Berkeleys, der nicht nur die sekundären, sondern auch die primären Eigenschaften der, unserem Bewusstsein gegebenen Gegenstände für blosse Vorstellungen erklärt, nach Humes Ansicht unwiderleglich. »Nimmt man aber«, so schliesst er diese Erörterung, »dem Gegenstande alle seine fassbaren Eigenschaften überhaupt, sowohl die ursprünglichen, wie die vermittelten, so ist er gewissermassen vernichtet, und es bleibt nur ein gewisses unbekanntes und unsagbares Etwas als Ursache unserer Wahrnehmungen, ein Begriff, der so mangelhaft ist, dass kein Skeptiker ihn des Streites werth halten wird.«

Nach dieser Erörterung zweier wichtiger Specialfälle philosophischer Spekulation geht Hume nun schliesslich dazu über, den entscheidenden Schlag gegen die gesammte Metaphysik überhaupt zu führen. Und, gleich als ob er die ganze Wucht seiner kritischen Argumente in diesen einen grossen Vernichtungsschlag vereinigen wollte, drängt er vorher noch einmal die Hauptmomente der in Abth. IV und V gegebenen Auseinandersetzung in eine kurze Rekapitulation zusammen und schliesst dann seine Betrachtung mit folgenden Worten:

»Wenn man von solchen Grundsätzen erfüllt, die Bibliotheken durchsieht, welche Verwüstung müsste man darin anrichten? Nimmt man z. B. ein theologisches oder streng metaphysisches Werk in die Hand, so darf man nur fragen: Enthält es eine dem reinen Denken entstammende Untersuchung über Grösse und Zahl? Nein. Enthält es eine auf Erfahrung sich stützende Untersuchung über Thatsachen und Dasein? Nein. Nun, so werfe man es in's Feuer; denn es kann nur Spitzfindigkeiten und Blendwerk enthalten.«

Fassen wir jetzt zum Schlusse die Ergebnisse unserer Entwickelung kurz zusammen! Der nächstliegende Zweck der Hume'schen Untersuchung ist der kritische Nachweis von der Nichtigkeit aller philosophischen

Begriffserkenntniss. Dabei schwebt ihr aber nicht die ausgeprägte Idee einer streng dogmatischen Metaphysik vor; sondern sie bezieht sich vielmehr ganz ausschliesslich auf diejenigen spekulativen Versuche, die mittelst begrifflicher Verarbeitung eines empirisch gewonnenen Materials sich über die Erfahrung zu erheben streben. In ihnen sieht Hume die Summe aller Metaphysik überhaupt, und so geschieht es, dass er, in der Meinung, diese insgesammt an ihrer Wurzel zu packen, sein kritisches Problem von vornherein unter einen Gesichtspunkt stellt, dem sich die Frage nach der Möglichkeit einer reinen philosophischen Vernunftwissenschaft gar nicht unterordnen lässt. Wenn er daher auch am Schlusse seiner Untersuchung die gesammte Spekulation vernichtet zu haben meint, so trifft dieses Schicksal thatsächlich doch nur allein die Metaphysik auf empirischer Grundlage. — Aber auch diese wird im Grunde nur durch ein einziges Argument 'der Humeschen Kritik erschüttert: es ist dies die Begründung des Satzes, dass die letzten Principien der Erfahrung selbst, weil jenseits der Grenzen dieser gelegen, dem menschlichen Wissen unerreichbar sind. Wie wir sahen, ist auch die Polemik gegen die Versuche, das Dasein Gottes und einer ausserhalb unseres Selbst gelegenen Welt der Dinge an sich zu beweisen, nichts Anderes, als eine Anwendung jenes allgemeinen Lehrsatzes auf diese beiden metaphysischen Specialfälle. In diesem Satze liegt schliesslich die eigentliche Stärke der Hume'schen Kritik. — Dagegen entbehren die Argumente, welche die gänzliche Unfähigkeit der Vernunft, unsere Erkenntniss kausaler Zusammenhänge *a priori* zu erweitern, feststellen sollen, durchaus der Beweiskraft. Statt die Vernunft auf dem eigentlichen Felde ihrer Thätigkeit, der wissenschaftlichen Deduktion, aufzusuchen und zu beobachten, beschränkt sich die Kritik hier auf die mechanischen Schlüsse des alltäglichen Lebens und seiner Induktionen. Wenn daher Hume auch persönlich auf Grund seiner Auseinandersetzungen behaupten zu dürfen meint, dass unser Glaube an Thatsachen nicht auf Vernunft, sondern einzig auf Gewohnheit beruhe, so bleibt dieser Satz in Wirklichkeit doch immer nur eine einseitige Behauptung ohne Beweis. Hume's Kritik der Metaphysik entbehrt somit, von jenem obigen Argumente abgesehen, der stichhaltigen Gründe; sie ist nicht in das Innere der Werkstatt eingedrungen, aus welcher jene Wissenschaft hervorgehen soll. — Es sind daher in der That nicht sowohl die Beweise, als die Thesen der Untersuchung, welche die Metaphysik anfeinden. Diese aber reichen, wie wir sahen, in ihren Konsequenzen noch weit über jene Disciplin hinaus: die Behauptung, nach welcher auf dem Gebiete der *vérités de fait* eine logische Begriffssynthese überhaupt nicht stattfindet, hebt alle Wissenschaft der Thatsachen im Principe auf. Hume's Kritik wird hier hyperskeptisch.

Eine solche Skepsis liegt nun freilich nicht in der persönlichen Absicht ihres Trägers: sein Endzweck ist vielmehr durchaus positiver Natur, indem er auf die Begründung einer Philosophie als Erfahrungswissenschaft gerichtet ist. Wir bemerkten, wie auch der Exkurs über den Ursprung und die Bedeutung der Kausalbegriffe diesem Zwecke dient. Die ganze Abhandlung ist in der That von demselben getragen, und wenn Hume allen Scharfsinn und vielleicht auch wohl ein nicht geringes Mass von Spitzfindigkeit aufbietet, um die Vernunft so recht in ihrer Schwäche und Unselbstständigkeit hinzustellen, so geschieht dies nur, um die Wissenschaft um so fester in den gehaltvollen, sicheren Boden der Erfahrung einwurzeln zu lassen. Nur deswegen zeigt er uns in der Ferne das drohende Gespenst des Pyrrhonismus, ohne ihm durch eine beistimmende Begründung Blut und Leben zu verleihen. Ja, er führt uns in dieser Absicht bereits vor den bodenlosen Abgrund, der vor unserem Geiste aufklafft, wenn er in das räthselhafte Problem der unendlichen Theilbarkeit des Raumes oder des Anfanges der Zeitreihe einzudringen strebt,[97]) jenen Abgrund, den dann später Kant mit seiner transcendentaten Dialektik auszufüllen suchte. Dies Alles geschieht, um die Vernunft, die so lange in eitler Selbstgewissheit auf dem schlüpfrigen Grunde ihrer Begriffe bis in alle Himmel hinauf die metaphysischen Gebäude emporzuführen suchte, mit Donnerstimme aus ihrem »dogmatischen Schlummer« aufzurütteln; denn in der That sind alle jene Systeme nach Hume's Ansicht nur Schöpfungen einer entfesselten Phantasie, die schrankenlos über die Wirklichkeit hinausschwebt. Vernunfterkenntniss von Thatsachen ist ein Unding; die Philosophie kann nur als Erfahrungswissenschaft behandelt werden — das ist es, was Hume nachzuweisen sich bemüht![98]) —

Wenn ihm nun aber auch in Wirklichkeit dieser Nachweis nicht gelingt, so enthält nichtsdestoweniger seine Untersuchung doch Elemente, welche auch den Vertreter der streng dogmatistischen Methodenlehre wenigstens beunruhigen müssen. Zunächst kommt hier die von uns besprochene Ableitung des Kausalbegriffes in Betracht. Wenn Hume auch persönlich ihre Spitze nicht gegen den Dogmatismus gekehrt hat, so wendet sie sich doch in ihren Konsequenzen wirklich gegen ihn. Die an die Spitze der Untersuchung gestellte empiristische Lehre, nach welcher sämmtliche Begriffe und somit auch die metaphysischen, blosse Erfahrungsbegriffe sind, erhält durch jene Ableitung wenigstens für einen derselben eine umfangreiche, positive Begründung, und es wird damit zugleich das Bedenken erregt, ob nicht auch für alle übrigen Begriffe sich ein ähnlicher Nachweis führen lasse. Die erste fundamentale Voraussetzung des Dogmatismus erhält hiermit thatsächlich einen empfindlichen Stoss, wenn Hume selbst ihn auch nicht direkt gegen sie gerichtet hat. — Sodann muss aber auch der Hume'sche Versuch, die logische Begriffsverknüpfung einzig auf das Gebiet mathematischer Wahrheiten einzuschränken, den strengen Metaphysiker stutzig machen. In eben solcher Vernunftsynthese sollte ja gerade seine eigentliche, philosophische Arbeit bestehen! Freilich sahen wir, wie haltlos jener Versuch dasteht. Aber der Nachdruck, mit welchem Hume seine Behauptung hinstellt, die persönliche Energie, mit der er sie verficht, verleihen ihr trotz ihrer mangelhaften Begründung doch eine gewisse Autorität, über die sich nicht so ohne Weiteres zur Tagesordnung übergehen lässt. So viel wenigstens musste dem Dogmatisten aus jenen beiden Punkten hervorleuchten, dass seine naive Annahme von der Möglichkeit einer Vernunftwissenschaft, die nichts Anderes sein will, als eine logische Verknüpfung von Begriffen *a priori*, keineswegs so selbstverständlich und sicher sei, wie er bisher gewähnt; er musste sich, jenen Bedenken Hume's gegenüber, in die Nothwendigkeit versetzt sehen, eine principielle Untersuchung der Grundlagen seiner metaphysischen Idee vorzunehmen. Die Möglichkeit aller philosophischen Spekulation und damit *implicite* auch die einer reinen Vernunft war nun einmal in Frage gestellt; war dies bisher von einem einseitigen und äusserlichen Gesichtspunkte aus geschehen, so handelte es sich nunmehr darum, diese Einseitigkeit und Aeusserlichkeit aufzugeben und die Existenzfrage der Metaphysik durch eine vertiefte, umfassende Untersuchung ihres eigenthümlichen Organs, durch eine Kritik der reinen Vernunft zur Entscheidung zu bringen. Und darin liegt die eigentliche historische Bedeutung der akademischen Philosophie: sie zwingt den Dogmatismus, seinen naiven Standpunkt aufzugeben, indem sie ihm die Kritik seiner eigenen Voraussetzungen als wissenschaftliche Aufgabe zuschiebt.

Anmerkungen.

～～～

1) Eine Zusammenstellung der neueren Kantliteratur giebt Lange, Geschichte des Materialismus, 2. Buch, 1. Abschnitt, Anm. 1). — Von später erschienenen Arbeiten sind besonders zu erwähnen: E. Montgomery, die Kant'sche Erkenntnisslehre, widerlegt vom Standpunkte der Empirie. München 1871. — Witte, Beiträge zum Verständniss Kant's. Berlin 1874. Paulsen, Versuch einer Entwickelungsgeschichte der Kantischen Erkenntnisstheorie. Leipzig 1875. — Stadler, die Grundsätze der reinen Erkenntnisstheorie in der Kantischen Philosophie. Leipzig 1876. — Riehl, der philosophische Kriticismus und seine Bedeutung für die positive Wissenschaft. Erster Band. Leipzig 1876. — Laas, Kant's Analogien der Erfahrung. Eine kritische Studie über die Grundlagen der theoretischen Philosophie. Berlin 1876. — Vergl. Band XII. der Philosophischen Monatshefte 1876, Heft X. Vaihinger, Zur modernen Kantphilologie. — In dem 2. Hefte der Vierteljahrsschrift für wissenschaftliche Philosophie, herausgeg. von R. Avenarius befindet sich eine Abhandlung von Windelband, über die verschiedenen Phasen der Kantischen Lehre vom Ding-an-sich. — Auch Noiré hat unter dem Motto „von Kant zu Kant" seine „Grundlegung einer zeitgemässen Philosophie" (Leipzig 1875) an eine kritische Darlegung der Kantischen Erkenntnisslehre angeknüpft. Einige andere Schriften werden weiter unten Erwähnung finden cf. Anm. 6).

2) s. Trendelenburg, Logische Untersuchungen. 3. Aufl. Leipzig 1870. Vorrede zur 2. Aufl. S. VIII ff.

3) vergl. Kuno Fischer, die beiden Kantischen Schulen (1862) und dessen Geschichte der neueren Philosophie, Band V. Heidelberg 1869, S. 25—30; ferner C. Goering, System der kritischen Philosophie, I. Thl. Leipzig 1874; S. 288; J. B. Meyer, Kant's Psychologie. Berlin 1870, Einl. S. 2, sowie Witte, l. c. S. 2.

4) Verhandlungen der philosophischen Gesellschaft zu Berlin. 2. Heft. Leipzig 1876, S. 32 (Lasson) cf. S. 2 und 39 (Michelet); dagegen s. ibd. S. 18 f. die treffende Bemerkung von Frederichs.

5) So erklärt C. Goering in seinem System der kritischen Philosophie, dass nun auch die Philosophen ihrerseits an der Kritik der reinen Vernunft Kritik üben sollen, um die durch dieses Werk angebahnte Reform der Philosophie zu vollenden, l. c. cf. Zeitschrift für Philosophie und philos. Kritik B. 65, S. 99. — „Meine Absicht", sagt Riehl in der Vorrede zu

seiner sub 1) genannten Arbeit, „ist daher auf Kritik und Fortbildung der Philosophie Kant's gerichtet." Und bei L a a s , l. c. S. 2 heisst es : „So verdienstlich die neue schon vielbändig sich darstellende Kantphilologie ist" — „so kann hier so wenig wie sonst Philologie letzter wissenschaftlicher Zweck sein." „Es bedarf, je vertrauter uns Kant wieder wird, um so mehr der kritischen Vorsicht, der selbstständigen Prüfung und wo es nöthig scheint der Weiter- oder Umbildung." cf. S. 3. —

6) K n a u e r , Konträr und kontradictorisch, nebst konvergirenden Lehrstücken festgestellt und Kants Kategorientafel berichtigt. Halle 1868. — Ed. v. H a r t m a n n , das Ding an sich und seine Beschaffenheit. Kantische Studien zur Erkenntnisstheorie und Metaphysik. Berlin 1871.

7) I m m a n u e l K a n t 's sämmtliche Werke in chronologischer Reihenfolge herausgegeben von G. H a r t e n s t e i n. Leipzig 1867 und 1868. Band III, S. 27.

8) vergl. S i g w a r t , Logik. Erster Band. Tübingen 1863. 6. —

9) vergl. S t u a r t M i l l , System der deduktiven und induktiven Logik, übers. von Gompertz. Ges. W. B. II. S. 1 ff.; s. auch L e i b n i t z , Opera Philosophica, ed. etc. Erdmann, Berolini MDCCCXL, S. 195; 465a. K a n t, III, S. 34 f.

10) vergl. S t u a r t M i l l , l. c. B. II, S. 102 f. Die so erlangte Gewissheit vermag allerdings die Einwendungen des verstockten Pyrrhonianers nicht durch mathematisch überzeugende Vernunftgründe zurückzuweisen, wird aber durch dieselben auch nicht erschüttert. Es ist jene „moralische Gewissheit", auf „gewisse, sichere Gründe" gestützt, wie sie auch D a v i d H u m e (s. darüber Kap. 2) der Erfahrungserkenntniss zugesteht und welche L e i b n i t z (S. 378b) bezeichnet als une connoissance de la vérité, avec laquelle on n'en peut point douter par rapport à la pratique sans folie.

11) S t u a r t M i l l, l. c. B. I, S. 232; B. II, S. 1—10; S. 166 ff, S. 180 f, S. 193 f.

12) l. c. B. I, S. 233 cf. ibd. Zweites Buch, Kap. III, § 3—7 u. Kap. IV, § 1 ff.

13) l. c. Zweites Buch, Kap. V § 4 cf. Kap. VI, § 1.

14) s. S t u a r t M i l l , B. I, S. 234 f; B. II, S. 179; B. I, S. 235 cf. 233, 236 u. ö.

15) vergl. S t u a r t M i l l , l. c. Drittes Buch. Kap. XI f. und Kap. XVI, bes. § 2.

16) ibd. Kap. IV, § 1 ; zweites Buch, Kap. IV, § 4.

17) L e i b n i t z, op. S. 707b cf. 558a u. ö. Vergl. W o l f , Vernünftige Gedanken von Gott, der Welt und der Seele des Menschen etc. 5. Aufl. § 36 : „wenn das, was einem Dinge entgegengesetzet wird, unmöglich ist, so ist dasselbe Ding nothwendig."

18) K a n t , Kritik der Urtheilskraft, W. V, 187—192 cf. H e l m-
h o l t z , Ueber die Erhaltung der Kraft. Berlin 1847, S. 3.

19) „A b s o l u t unmöglich", heisst es bei L a a s , Analogien etc.
S. 48, „ist der Eintritt eines solchen Falles nicht; aber bisher war alles,
was von Menschen erfahren und erlebt ward, nachweislich der Art, dass
der Verdacht, der gesunde Verstand könne einmal durch das Sein mit
einem absoluten Nonsens überrascht werden, zu den allerwindigsten und
leersten Möglichkeitsträumen gehört, die den Denkenden um so weniger zu
beunruhigen brauchen, als bei Verwirklichung solcher Möglichkeit das Reale
sofort dem Denken gleichgültig werden oder es ertödten würde." — Laas
legt diese Worte allerdings einem „Nicht-Kantianer" in den Mund; aber
auch vom Standpunkte der Kritik der reinen Vernunft aus liesse sich wohl
schwerlich eine andere Antwort geben, da selbst der Nachweis von der
konstituirenden Natur der aprioristischen Verstandesregeln die Möglichkeit
nicht „absolut" ausschliesst, dass plötzlich der gesetzmässige Faden der
Naturbegebenheiten abbricht und statt desselben ein denksprödes Chaos
wirrer Mannigfaltigkeiten an uns vorübertanzt. — Uebrigens biegt auch
Laas auf Grund seiner kritischen Erörterung der „Analogien" der Hauptsache nach auf den empirischen Standpunkt des Nichtkantianers zurück.
s. als Resultat bes. S. 207 f. —

20) Vergl. T r e n d e l e n b u r g , Elementa logices Aristoteleae
§ 50 ff. cf. L e i b n i t z meditationes de cognitione etc. 78 b und nouveaux
essays 306 a, wo es heisst, que les termes, qui sont simples en eux mêmes,
c'est à dire dont la conception est claire et distincte, ne sauroient recevoir
aucune définition, soit nominale, soit réelle. Ueber die Bezeichnung „rein"
und a priori siehe K a n t , III, S. 33 f. —

21) P l a t o , Theätet, 197C—198A. cf. K a n t , III, 11.

22) Ueber das Verhältniss der Logik und besonders der Apodeiktik
zur Metaphysik bei A r i s t o t e l e s s. P r a n t l , Geschichte der Logik im
Abendlande, B. I, bes. S. 104. — W o l f bezeichnet in seinen „Vernünftigen Gedanken von den Kräfften des menschlichen Verstandes" (Vorbericht
§ 10) die Logik nach L e i b n i t z e n s Vorgange als V e r n u n f t k u n s t
und behandelt sie in diesem Sinne. Welchen Werth übrigens auch L e i b-
n i t z auf die Logik als auf ein wesentliches Mittel zur Erweiterung der
Erkenntniss legt, ersieht man am Besten aus seinem Schreiben an Gabriel
Wagner vom Nutzen der Vernunftkunst oder Logik, (Op. S. 418—426).
„Unter Logik oder Denkkunst" versteht er hier nach S. 419b f. „die Kunst,
den Verstand zu gebrauchen, also nicht allein, was fürgestellt, zu beurtheilen, sondern auch, was verborgen ist, zu erfinden." S. bes. 421b und
424 cf. 415b, wo er die Logik bezeichnet als la science de raisonner, de
juger, d'inventer, sowie 138b.

23) „Es war eine Zeit", sagt E u l e r in dem 25sten seiner Briefe
an eine deutsche Prinzess, „wo die Streitigkeiten über die Monaden so
lebhaft und so allgemein waren, dass sie sich aus den Schulen bis in
die Frauenzimmergesellschaften verbreiteten. Am Hofe war beinahe keine

Dame, die sich nicht für oder wider die Monaden erklärt hätte." Wer damals an dem System der prästabilirten Harmonie zu zweifeln sich vermass, galt für einen Ignoranten, cf. Brief 83. Vergl. u. A. auch J u s t i, Leben Winkelmann's, B. I S. 70 ff. —

24) Rep. 511, C; 510, B cf. Z e l l e r, die Philosophie der Griechen etc. 3. Aufl. Theil II, Abth. I, S. 475, 490, 516 f, 522, 584 u. ö.

25) Eine Anzahl solcher Begriffe führt A r i s t o t e l e s selbst auf Met. Γ, 2, 1003a 33; ibd. b 21 ff; 35 ff; 1004a 10; ibd. 17 ff.

26) S. bes. Met. Γ, Cap. I, cf. P r a n t l, Gesch. d. Logik im Abendlande, B. I, S. 120, 126 u. ö.

27) Met. Γ, Cap. 3 cf. Cap. 7.

28) S. bes. de anima, III, 8. 432a 3 cf. P r a n t l, l. c. S. 107 f; E u c k e n, die Methode der aristotelischen Forschung. Berlin 1872, S. 56—66 nebst den dort angeführten Belegstellen.

29) Met. B, Cap. 3.

30) Damit soll übrigens diese Eigenthümlichkeit der Nachahmung des mathematischen Verfahrens keineswegs ausnahmslos dem neueren Dogmatismus beigelegt werden. Nicht nur Gegner Wolfs, wie C r u s i u s, erklären sich gegen sie, sondern selbst Anhänger desselben, wie M o s e s M e n d e l s s o h n, verwerfen wenigstens ihre systematische Durchführung. (s. C r u s i u s, Weg zur Gewissheit und Zuverlässigkeit der menschlichen Erkenntniss. Leipzig 1747 § 3, § 10, § 22, § 34, § 386 u. § 410 cf. § 412, und M e n d e l s s o h n, über die Evidenz etc. Einleitung und Abschn. I; vergl. Morgenstunden, IX und X mit XVII).

31) l. c. 195a.

32) 279a, 309a.

33) 379b f; 562b (189); 708 cf. 242b.

34) 195a, 212b, 208 u. ö.

35) 342b cf. 395a, wo umgekehrt die Handhabung der syllogistischen Form als „eine Art universeller Mathematik" bezeichnet wird; s. auch 110a : idem esse mathematice scribere. quod in forma, ut logici vocant, ratiocinari, u. 424b.

36) Aehnlich erklärt M o s e s M e n d e l s s o h n, Morgenstunden (Ausgabe von 1786) S. 153: „Die reine Mathematik beweiset ihre Lehren o h n e H ü l f e d e r E r f a h r u n g und d e r s i n n l i c h e n E r k e n n t n i s s, bloss nach den Gesetzen des Denkens, wie man es zu nennen pflegt. a priori." Nichtsdestoweniger fühlt er doch die Unentbehrlichkeit dieser „sinnlichen Erkenntniss" und lässt sich von diesem Gefühle im ersten Abschnitte seiner Abhandlung über die Evidenz zu einem Ausspruche bewegen, der eigentlich dem obigen diametral entgegensteht. Es heisst dort nämlich bei Gelegenheit der Unterscheidung der philosophischen Methode von der des Mathematikers, nachdem gesagt worden, dass die Theile „der ausgedehnten Grösse" neben einander fallen: „daher lassen sich auch die verschiedenen Theile der Schranken, d. i. Flächen, Linien und Punkte, m i t d e n S i n n e n u n t e r s c h e i d e n, und indem wir sie einzeln betrachten und hernach in ihrer gehörigen Verbindung zusammen nehmen :

so erlangen wir einen deutlichen Begriff von der Figur. Diesen deutlichen Begriff zergliedern wir und erlangen Grundsätze und Heischesätze, oder Lehrsätze und Aufgaben, nachdem die Folgen unmittelbar oder mittelbar mit der Grundidee verknüpft sind." Es wird nun gesagt, dass die Theile der „unausgedehnten Grösse", welche dem Metaphysiker zum Gegenstande dienen, „ineinander" fallen und sich durch die Sinne nicht wahrnehmen lassen, und dann also fortgefahren: „Es fällt hier also das fruchtbarste Erfindungsmittel weg, welches in der ausgedehnten Grössenlehre so wichtige Dienste leistet, nämlich die Betrachtung der Figuren oder der Schranken der Ausdehnung, ohne welche man in der Mathematik keinen Schritt zu thun im Stande ist." Man kann aus diesen widersprechenden Bestimmungen die Thatsache herauslesen, dass die von Leibnitz überkommene Theorie der reinen Begriffsmethode hier, wie auch sonst bei seinen Nachfolgern, mit der Wirklichkeit in Kollision geräth und, da sie doch nicht aufgegeben werden soll, an diese Zugeständnisse machen muss, die ihren eigenen Konsequenzen zuwider laufen. Vergl. u. A. auch Wolf, Vernünftige Gedanken von Gott etc. § 382 und § 846.

37) „Ich entnehme", heisst es in der Einführung dieses specimen demonstrationum politicarum etc., „die Form der Verbindung der Sätze den Mathematikern, welche fast allein von allen Sterblichen nichts sagen, was sie nicht beweisen. Der Faden meiner Darlegung besteht in einer ununterbrochenen Kette von Schlüssen, die aneinanderhängen durch die Ringe der Propositionen. Ich wage zu behaupten, dass ich zuerst so schreibe" etc.

38) S. bes. 342b cf. 368b f.

39) 331a, 335a f. 357b 359a.

40) 372a cf. 380a u. 364a; 218b; 342b; 195a 208a ff. Vergl. überh. de vera methodo philosophiae et theologiae.

41) 395a 422a, 426a, 367a, 368b, 396, 81a u. ö.

42) S. bes. 338b; vergl. Sigwart, Logik S. 48 f.

43) 342a cf. 364a, 381b u. ö.

44) 222a cf. 136b f 219a, 360a. In welcher Weise Leibnitz solche Axiome bewiesen wissen wollte, zeigt sein eigenes Verfahren 81, Anm. 1) cf. 363. —

45) 110a, 121a.

46) 110a, 115a, 122a cf. 48b.

47) 709b (59) cf. bes. système nouveau, 15 u. 131a, 132a, 134a cf. 347b u. ö.

48) Selbstbiographie S. 121, cf. Vorrede zur ersten Auflage der „Vernünftigen Gedanken von den Kräfften des menschlichen Verstandes".

49) Man vergleiche nur — um ein Beispiel für viele anzuführen — den grossartigen Originalgedanken der prästabilirten Harmonie bei Leibnitz mit der verkrüppelten Gestalt, in welcher er aus der Wolfischen Demonstration wieder zum Vorschein kommt: Vernünftige Ged. v. Gott etc.

§ 753—765. Und doch rühmt er sich, er habe diese Idee „in ein solches Licht gesetzet, desgleichen diese sinnreiche Erfindung noch nie gehabt". —
49) L e i b n i t z , op. 83b, 254a, 716ab, 746b, 751b, 764b 773a.
W o l f , Vern. Ged. von Gott etc. § 30 f; cf. § 142. — B a u m g a r t e n , Metaphisica § 20.

50) Vergl. P a u l s e n , Versuch einer Entwickelungsgeschichte der Kantischen Erkenntnisstheorie S. 13 ff. cf. L e i b n i t z , 205a.

51) S. bes. 127b f 709b f.

52) S. ausser den im système nouveau und der Monadologie gegebenen Ausführungen bes. noch 436b, wo die der Monade wesentliche materia prima erklärt wird als δυναμικὸν πρῶτον, παϑητικὸν πρῶτον ὑποκείμενον, id est potentiam primitivam passivam seu principium resistendi, quod non in extensione, sed in extensionis exigentia consistit. Vergl. ferner 111ab, 113, 122, 440b, 456a (XI) u. ö.

53) Besonders lehrreich ist die bereits 1684 verfasste Meditatio de cognitione, veritate et Ideis. Vergl. 138b, 227a, 399b u. bes. auch 353a : les ideés des qualités sensibles, comme de la couleur, de la saveur etc. (qui en effet ne sont que des phantômes) nous viennent des sens, c'est à dire de nos perceptions confuses. Ueber Raum und Zeit s. bes. 703a 745a, 752ab.

54) Für die Moralphilosophie erfährt diese Bestimmung allerdings insofern eine Einschränkung, als dieselbe nach Leibnitz ausser dem reinen noch einen empirischen Theil hat. So heist es 334b : Pour ce qui est de la Morale, une partie en est toute fondée en raison; mais il y a une autre, qui dépend des expériences et se rapporte aux tempéramens.

55) 209ab. Vergl. eine Stelle aus einem Briefe an Bierling bei Fr. K i r c h n e r , (Gottfr. Wilh. Leibnitz. Sein Leben und Denken. Cöthen S. 176, die sich in der Erdmannschen Sammlung nicht findet. S. sonst bes. 707b (33) u. ö.

56) Les propositions de fait aussi peuvent deoenir générales en quelque façon, mais c'est par l ' i n d u c t i o n o u o b s e r v a t i o n ; de sorte qu'une multitude de faits semblables, comme lorsqu'on observe que tout vif argent s'évapore par la force du feu, et ce n'est pas une généralité parfaite par ce qu'on n'en voit point la nécessité. 379a cf. 351b. Hinsichtlich der Teleologie Leibnitzens siehe ausser den in der Theodicee (hier bes. 480) gegebenen Ausführungen noch 147b f, 716b. Die mechanische Naturerklärung, wie sie Sache der Naturwissenschaft ist, hat sich daher auf die Betrachtung der causae efficientes zu beschränken ; Leibnitz scheidet mechanische und teleologische Erklärung ausdrücklich von einander, indem er 430a bemerkt: Ce sont comme deux règnes, l'un des causes efficientes, l'autre des finales, dont chacun suffit à part dans le détail pour rendre raison de tout, comme si l'autre n'existait point.

57) S. auch hier wieder bes. meditatio de cognitione etc. cf. 306a 708ab.

58) meditatio etc. cf. 137a. 295a.

59) 78, 80a, 177 f, 374b cf. M e n d e l s s o h n , Morgenstunden, XVII.

59a) Aus diesem Grunde sind wir nach Leibnitz denn auch befähigt, aus unseren Erfahrungen eine objektive, feste Wissenschaft aufzubauen ; indem wir die empirischen Sätze unter die Normativgesetze der Logik und Mathematik subsumiren, geben wir ihnen eine rationale Begründung, auf Grund deren wir uns über die Erfahrung emporheben und Zukünftiges mit Sicherheit deduciren können. s. bes. 378b : J'ai déjà remarqué dans nos conférences précédentes, que la vérité des choses sensibles se justifie par leur liaison, que dépend des vérités intellectuelles, fondées en raison et des observations constantes dans les choses sensibles mêmes lors même que les raisons ne paroissent pas. Et comme ces raisons et observations nous donnert moyen de juger de l'avenier par rapport à notre interêt et que le succès repond à notre jugement raisonnable, on ne sauroit demander ni avoir même une plus grande certitude sur ces objets. cf. Anm. 86.

60) Siehe bes. die beiden ersten Vorreden zu den vernünfftigen Gedanken von Gott etc.

61) Vern. Ged. von Gott etc. § 382 cf. Vern. Ged. von den Kräfften d. menschl. Verst. Cap. IV, § 21; Cap. VII, § 1; Cap. IV, § 1, § 3, § 25; Cap. VIII, § 3. — Leibnitzens Nouveaux essays wurden bekanntlich erst in der 1765 herausgegebenen Sammlung von Raspe veröffentlicht. —

62) Vern. Ged. v. Gott etc. §§ 277, 381 f. 198 f. u. Vern. Ged. von d. Kräfften etc., Cap. 1, § 4—21 incl. Auch nach Wolf liegen die Vorstellungen bereits vor aller Erfahrung „in dem Wesen der Seele gleichsam vergraben", so dass sie durch die Erfahrung nur an das Licht des Bewusstseins emporgezogen werden und also, wenn auch anfangs nur „dunkel und undeutlich", doch schon fertig vorhanden sind. S. Vern. Ged. v. Gott etc. bes. § 765 cf. Vern. Ged. von d. Kräfften etc., Cap. 1, § 6. Vergl. Vern. Ged. v. Gott etc., Anmerk., Cap. II, § 14 (ad § 30), wo Wolf erklärt, dass auch die das Schlussverfahren leitenden Vernunftgesetze schon „in der Natur des Menschen, aber — auf eine undeutliche Weise" stecken.

63) Diese Interpretation ist dem Geiste der echt Platonischen Lehre von der ἀνάμνησις keineswegs angemessen, wie denn der Gedanke einer Begriffsanalyse im Sinne der Wolfianer der Methodenlehre Plato's überhaupt fern stand. Das von ihm dem eigentlich sythetischen Theile der Dialektik vorangestellte analytische Verfahren besteht nur in der Ablösung der einzeln im Geiste aufzusuchenden Ideen von ihren empirischen Bestandtheilen, nicht aber in der Zergliederung dieser Ideen selbst ; sie können auch schon deswegen nicht eine in der andern „eingewickelt" sein, weil Plato ja alle einzelnen Ideen zugleich als Wesenheiten hypostasirt, und sie als solche jede ein für sich Bestehendes bilden. Die Dialektik selbst ist daher auch nichts Anderes, als eine „logische Anordnung der Ideen." Zeller. l. c. S. 584 f cf. 516 f, 525 f, 588.

64) 340b 362a. Am Meisten erweckt noch die Monadologie den Schein einer reinen Begriffsentwickelung, besonders zu Anfang; doch wird auch sie durch die Natur der Sache immer wieder auf den Boden der Erfahrung herabgezogen; vergl. bes. 706a (16), 706b (20), 707a (25) u. s. f.

65) Vergl. den Passus über Wolf in Zellers Geschichte der

deutschen Philosophie seit Leibnitz. Uebrigens ist es doch wohl etwas zu
herbe geurtheilt, wenn Zeller hier (S. 218) und mit ihm P a u l s e n , l. c.
S. 26 — bemerkt, dass W o l f eine Erkenntnisstheorie eigentlich gar nicht
gehabt habe!

66) Bei S p i n o z a ergiebt sich diese Kongruenz bekanntlich aus
der Auffassung von Denken und Sein (Ausdehnung) als der beiden Attribute
der Einen, ewig identischen Substanz. Nach L e i b n i t z liegt der Grund
dieser Uebereinstimmung in der prästabilirten Harmonie, gemäss deren die
Urmonas, die Eine nothwendige Substanz, die in ihrem Verstande die
ewigen Wahrheiton als die ihm nothwendig zukommenden Eigenschaften
(attributa) trägt, dieselben sowohl dem Geiste der Monaden als auch dem
Universum selber eingeprägt hat. S. die oben im Texte citirte Stelle
380a. Vergl. auch P a u l s e n , Versuch einer Entwickelungsgeschichte etc.
S. 10 ff.

67) S. z. B. Principia philosophiae 52. W o l f definirt die Seele
im empirischen Theile der Seelenlehre als „dasjenige Ding, welches sich
seiner und anderer Dinge ausser ihm bewusst ist", um erst in der rationalen
Psychologie sie als „vor sich bestehendes Ding", also als Substanz zu er-
schliesen § 192 u. 742 f. cf. B a u m g a r t e n , Metaphysica § 504 und
§§ 192, 742, 743. Ueber L e i b n i t z vergl. S. 40 unseres Textes.

68) S. D e s c a r t e s , Meditationes, 2, übers. v. K i r c h m a n n S. 31.

69) Man lese z. B. den Beweis, den W o l f in s. vern. Ged. v. Gott
etc. § 926 von der Unsterblichkeit der Seele giebt.

70) Mais cet argument, qui ne paroit être que d'une certitude
morale, est poussé à une nécessité tout à fait métaphisique par la nouvelle
espèce d'harmonie, que j'ai introduite, qui est l'harmonie préétablie 376b
cf. 375 —377b erklärt er diesen Beweis selbst für aposteriorisch.

71) Wenn wir unsere Darstellung auf die „Untersuchung in Betreff
des menschlichen Verstandes" basiren, so geschieht dies, weil einerseits
H u m e selbst in sie den eigentlichen Schwerpunkt seiner Philosophie gelegt
wissen wollte (s. das in den essays and treatises on several subjects dieser
Abhandlung hinzugefügte Vorwort), und auch andrerseits das Erstlings-
werk, Treatise on human nature, K a n t nicht bekannt gewesen ist. Vergl.
P a u l s e n , Versuch einer Entwickelungsgesch. etc. S. 6, Anm. 1) und
R i e h l , der philosophische Kriticismus, S. 69 f. Uebrigens muss nach
Proleg. 98, § 57 K a n t ausser der deutschen Uebersetzung der essays and
treatises, aus deren 4. Theile, S. 214 das Proleg. S. 6* gebrachte Citat
genommen ist, auch noch die Dialogue über die natürliche Religion gekannt
haben, was bereits L a a s , Kants Analogien, S. 205 berücksichtigt hat. —
Wir bedienen uns des enquiry concerning human understanding in der
Uebersetzung von I. H. K i r c h m a n n.

72) S. 148 und 149.

73) Vergl. die sub 71) angeführte Stelle bei K a n t IV, S. 6*.

74) Vergl. R i e h l, l. c. S. 1.

75) Vergl. P a u l s e n, Versuch einer Entwickelungsgesch. etc. S. 1—7.

76) S. ausser der zu Beginn von Kap. 1 herbeigezogenen Stelle noch bes. Proleg. § 1.

77) Unter dieser Bezeichnung ist nämlich die Philosophie zu verstehen, soweit sie überhaupt, sei es von reinen, sei es von empirischen Daten ausgehend, ohne weitere Beihülfe der Erfahrung auf bloss begrifflichem Wege die Erkenntniss von Thatsachen anstrebt.

78) S. 24 cf. 48: „Die Regeln für diese Verknüpfungen oder Vergesellschaftungen haben wir auf drei zurückgeführt, nämlich A e h n l i c h - k e i t, B e r ü h r u n g und U r s a c h l i c h k e i t. Sie sind die e i n z i g e n B a n d e, welche unsere Vorstellungen vereinigen und jenen regelmässigen Lauf des Denkens und Sprechens erzeugen, welcher mehr oder weniger unter allen Menschen stattfindet."

79) S. S. 29

80) S. 25 cf. 34 und 151. Vergl. auch P a u l s e n, an der schon erwähnten Stelle (S. 6 f. Anm.)

81) S. bes. S. 34. cf. 151.

82) Kant, B. III. S. 17 cf. IV, § 1. Selbst der kosmologische Gottesbeweis soll in seiner streng metaphysischen Bedeutung unabhängig von der Bezugnahme auf irgend welche Wirklichkeit sein. Wenn derselbe, wie bekannt, das Dasein einer letzten unbedingten Ursache alles Geschehens aus dem Satze schliesst, dass die ganze Aufeinanderfolge von Ursachen und Wirkungen, um überhaupt wirklich sein zu können, irgendwo einen unbedingten Anfang haben müsse — so verläuft diese Gedankenentwickelung lediglich in der Region abstrakter Möglichkeiten, indem sie das Vorhandensein einer Reihe von Begebenheiten nur hypothetisch annimmt, um darzuthun, dass, w e n n eine solche Reihe wirklich ist, d a n n a u c h eine unbedingte Ursache wirklich sein müsse. Auch der bewiesene Satz erhält auf diese Weise einen nur hypothetischen Werth; aber er stützt sich jetzt auch lediglich auf b l o s s e B e g r i f f s v e r k n ü p f u n g a priori. In diesem Sinne hat L e i b n i t z mit Recht alle Vernunftwahrheiten zugleich als hypothetische bezeichnet (conditionelles 379b) Vergl. M e n d e l s - s o h n, Morgenstunden IX, wo dieser Gedanke ausführlicher behandelt wird.

83) cf. A r i s t o t e l e s, Met. Γ, Cap. 1.

84) Auch diese Wissenschaft, welche die eigenthümlichen Gesetze des geistigen Lebens zu erforschen sucht, hat es mit dem empirischen Stoffe der Erscheinungswelt zu thun, da dieser nicht nur den uns in der sinnlichen Wahrnehmung dargebotenen materiellen Gehalt derselben, sondern auch den in der Selbstwahrnehmung erfassten Inhalt des Gemüthslebens in sich begreift.

85) s. bes. S. 41, 44 f, 52 u. Abth. IX, bes. S. 97 u. 99.

86) So erklärt L e i b n i t z 464bf: sciendum est, dupplices esse consecutiones toto coelo diversas, empiricas et rationales. Consecutiones

empiricae nobis sunt communes cum brutis, et in eo consistunt, ut sentiens ea, quae aliquoties coniuncta fuisse expertum est, rursus coniunctum iri expectet, Ita canes aliquoties vapulantes, si quid displicens fecerint, rursus verbera expectant, si idem faciant, atque ideo ab actione abstinent; quod cum infantibus habent commune. — At homo, quatenus non empirico, sed rationaliter agit, non solis fidet experimentis, aut inductionibus particularium a posteriori, sed procedit a priori per rationes. cf. 465bf, 195, 707a (26), 218b.

87) S. 44, 45 ff; 146, 152 cf. 147 f.

88) Vergl. R i e h l, der philosophische Kriticismus, S. 68, 137, 148 u. ö.

89) Vergl. R i e h l, l. c. S. 68f. „Die Konsequenzen also", heisst es dort, „nicht die Tendenzen Humes waren skeptische".

90) S. 12 f. 57 cf. 74 f.

91) S. 9. Daher sind ihm hier auch noch A r i s t o t e l e s und M a l e b r a n c h e an die Seite gestellt.

92) S. 9; 22, Anm. A; S. 53* u. ö.

93) S. 22, A. — Uebrigens ist es auffallend, dass er L o c k e bei aller Bedeutung, die er ihm stillschweigend zugesteht, doch mit einer merkwürdigen Kälte behandelt; nicht ein einziges Wort der Anerkennung hat er für ihn, während er mit seinem Tadel ihm gegenüber keineswegs zurückhaltend ist und doch andrerseits auch für Männer, wie T i l l o t s o n und B e r k e l e y seine Hochachtung offen ausspricht. Vergl. S. 100 u. 143, N, sowie S. 146.

94) S. 73, cf. 72, E am Ende. Vergl. hierüber auch L a a s, Kants Analogien der Erfahrung, Anm. 254. —

95) S. 97 cf. 75, 80 u. ö.

96) Gespräche über die natürliche Religion von David Hume. Nach der zwoten Englischen Ausgabe. Leipzig 1781 S. 40. —

97) s. d. zweiten Abschnitt der XII. Abth.

98) Es darf übrigens nicht ganz unerwähnt gelassen werden, dass der Moralphilosophie, obwohl sie gegen die theoretische Metaphysik ganz zurücktritt, doch gelegentlich auch eine Bemerkung gezollt wird; aus den wenigen hier in Betracht kommenden Stellen geht aber zur Genüge hervor, dass Hume auch sie auf Erfahrung gründen will. Besonders wichtig ist in dieser Beziehung der Schluss der Abhandlung, wo erklärt wird, dass die Moral (und Aesthetik) basirt werden müssten auf Erforschung des allgemeinen Geschmackes der Menschen oder „etwas Aehnliches" d. h. doch also: auf T h a t s a c h e n. cf. S. 151. Der Logik dagegen thut Hume keine Erwähnung. Wollte er vielleicht auch sie auf Erfahrung gründen, wie die Psychologie? Oder galt sie ihm, wie die Metaphysik, für eine blosse Chimäre? Humes Unterschätzung des Vernunftprincipes äussert sich jedenfalls in dieser Uebergehung der „Vernunftlehre" auf's Neue.